主场

夏鹏 著

人民邮电出版社

北 京

图书在版编目（CIP）数据

主场 / 夏鹏著. -- 北京 ： 人民邮电出版社，2025.

ISBN 978-7-115-65871-5

Ⅰ. B026-49

中国国家版本馆 CIP 数据核字第 2024GS1516 号

内 容 提 要

《主场》是专为年轻打工人打造的职场心法。观察那些成事的人，他们无非都在以主角的心态，充分发挥主场优势，走出一条绝不内耗的打工之路。

本书将带你快速锻炼职场底盘能力，陪你穿过职场关系的迷雾，让你在职场中如鱼得水；引导你掌握情绪的主宰权，避免在情绪的漩涡中迷失自我，从而保持清醒，活得通透自在；在表达方面，本书为你揭秘高手的表达公式；最后，本书聚焦于自我升值，教你如何在挣钱的同时让自己变得更加值钱。

希望大家能从本书学到技巧，获得勇气，高效工作，然后尽情享受人生。

◆ 著　　　　夏　鹏

　　责任编辑　徐竞然

　　责任印制　周昇亮

◆ 人民邮电出版社出版发行　　北京市丰台区成寿寺路 11 号

　　邮编　100164　　电子邮件　315@ptpress.com.cn

　　网址　https://www.ptpress.com.cn

　　天津千鹤文化传播有限公司印刷

◆ 开本：880×1230　1/32

　　印张：8.5　　　　　　　　2025 年 5 月第 1 版

　　字数：181 千字　　　　　　2025 年 11 月天津第 12 次印刷

定价：59.80 元

读者服务热线：(010)81055296　印装质量热线：(010)81055316
反盗版热线：(010)81055315

前言

　　自从我转型做职场博主以来，已经两年有余。从抖音起家，截至图书出版，我已经拥有了 700 多万粉丝。在这个过程中，我时不时在直播间进行连麦答疑，给观众们出出主意。我越是答疑，越是发觉自己对职场的思考方式异于他人，有必要写一本书，向大家提供关于职场的不同思路。

　　我的职场经历其实相当简单，既没有做过 HR，也没有频繁跳槽的经历。大二的时候，我获得了国际公众英语演讲比赛的冠军，凭着这一殊荣，我去了新东方做兼职。或许是因为参加工作早，大四毕业时我已是新东方的一名主管，后又当上了新东方的教师培训师，负责指导新教师们讲课。

　　由于干得不错，我被调往北京集团总部，专门负责教师培训业务。然而，由于缺乏管理经验，我的职业发展遇到了瓶颈。幸运的是，新东方有去长江商学院读 MBA 的全额奖学金，我就申请去读了一年MBA，接受了全面的商业训练。之后，我被派到沈阳新东方学校任校长助理，去一线学校历练后又调回集团总部，负责全国的英语学习产品研发。说实话，我还没完全摸清这个产品的门道，就又被调去负责新东方集团的战略规划。2015 年，我接受俞敏洪老师的投资，出来创业，把之前在新东方没做明白的英语学习产品彻底做明白了。总的来说，我的职场经历就是这样兜兜转转，虽然没有什么特别亮眼的成绩，但是心得颇多。

我一直认为自己是个比较聪明的人，所以无论是学习还是工作，我都完成得很利索。我心里不藏事儿，路见不平，习惯性掀桌子。掀对了，我自鸣得意；掀错了，我立刻道歉。总之，风评于我，毁誉参半，但是我不关心。因此，我一直觉得上班就是赶紧完成任务，下班后各自快活。我看不得手慢的人，也不太能理解那些内耗的人。直到我开始创业，我才突然明白——其实很多事情做起来，是需要勇气的，也是需要智识的，所以我理解了那些内耗的人。因此，我把这两年观众在直播间里经常问到的问题，结合自己的理解和感悟，写成了本书，希望大家能从中汲取技巧，获得勇气，高效工作，然后尽情享受人生。

本书没有固定的阅读顺序，你可以随意翻阅。我甚至觉得，上厕所和坐公交车时翻阅，效果可能好过正襟危坐地阅读。本书没有多少理论创新，但是够真诚；也没有严肃地探讨一些深刻的话题，因为我深刻不了，且懒得深刻。我尽可能做到真诚，因为真诚是通向一切的道路，这一点我深信不疑。

在我看来，高效工作的法宝有三件：清晰的目标、不内耗的情绪、对时间的高效利用习惯。有了这三件法宝，基本上所有问题都可以迎刃而解。即便暂时无解，也可以通过自我学习和他人协同来一步步拆解难题。当能力足够后，一定要尽快升职加薪带团队，这样遇到不爽的事情时，就可以出去创业，"此处不留人，自有留人处"。

我的水平不高，希望大家不吝赐教。

闲言少叙，希望本书让你读得愉快，读至精彩处拍一下大腿，就是对我最大的褒奖。

快者未必先达，

慢者未必落后，

唯有洞悉本质者，

方能以静制动，以慢打快。

目录

CHAPTER 01

底盘能力：
打造慢慢变强的基本盘

CHAPTER
02

看透关系：
打好社交这张牌

CHAPTER 03

掌控情绪：
不在情绪上消耗自我

CHAPTER 04

学会表达：
高手表达都有公式

01

底盘能力：

打造慢慢变强的基本盘

做计划之前，破除三个"心中贼"

计划思维很重要，但是在做计划之前，一定要破除三个"心中贼"：

1. 完美主义；

2. 粗细失当；

3. 不落文字。

"凡事预则立，不预则废"，讲的就是计划先行的重要性。一个人认知水平高低、做事是否靠谱，从其计划性上便能看出一二。在职业发展上，做计划叫职业规划；追求财务自由，则需要理财计划；每天上班要列 to-do list（待办事项，必做事项），这是工作计划。总之，自古以来，几乎都是有计划的干掉没计划的，因为计划能力不仅体现了理性的逻辑能力，更蕴含了感性的想象力。它能使人在具体做某件事之前，在脑海中模拟这件事的前因后果，不是走一步看一步，而是走一步，看两步，想三步，久而久之，这样的人就成了强人。

计划思维的价值由此可见一斑。但有一个前提不得不顾，即我们在学习做计划之前，要充分了解计划思维的三个敌人。如果不能破除这些"心中贼"，计划思维反而会成为行动的包袱，让我们在机会面前畏首畏尾。

计划思维的第一个敌人便是完美主义。

在我看来，完美主义既不理性也不浪漫，它导致一个人对现实视而不见，不断回避自身能力的缺失，自欺欺人，是一个人拒绝学习且不会学习的表现。

这个世界上的绝大多数成功都离不开计划思维的指导。但有计划思维，并不意味着不会出现错误。我们不必害怕错误；犯错是每一个人提升能力的必经之路，没有第二条路可选。

如果你某次侥幸绕开了所有的错误取得了一项成就，那只能说是运气好。但这样的运气多半会让你在未来的日子里心高气傲、接连失败，最终把靠运气取得的成果凭实力亏光。因为你没有犯过错，从来没有从错误中吸取教训，也就无法真正学会预防错误。

总结一下：做计划的价值并不在于预防所有错误及消灭错误，而在于让未来可能犯的错变得有价值，让"算有遗策"的错误成为我们成长和提升的垫脚石。

计划思维的第二个敌人是粗细失当。

一些人认为做计划要事无巨细，另一些人觉得大而化之就好，反正前面说了做计划的价值是为了让未来犯的错变得有价值，那犯错就犯错呗，有什么好害怕的，计划差不多就行，干就完了。

以上两种观点都值得商榷，因为它们都忽略了计划中最为关键的要素：目标的价值。目标的价值越大，计划就应该越详细，即便枪声一响，计划就作废一半，但在事后复盘学习时，一个详细的计划也能提供有价值的线索。若一开始的计划就粗枝大叶，那么复盘会很容易就开成"甩锅会"，因为最初的目标没有经过细化和推演，始终是一团糊糊。

反之，如果目标的价值不大，或者暂时无法判断目标的价值，那么"先开枪，后瞄准，一枪更比一枪准"便是一个可以遵循的有效原则。

计划思维的第三个敌人是不落文字。

这是一个非常重要却经常被忽略的细节。

不知道大家是否有过这样的体验：动脑子想事情的时候，思绪越想越多，越多越乱，越乱越烦，最后不了了之。面对短时间内的大量信息冲击，人脑的反应与一碗糊状的豆腐脑无异，至少我深有同感。所以，我平日里的习惯是，开始做计划时，虽不必沐浴更衣，心无杂念，正襟危坐，但一定需要一张纸、一支笔来写写画画。

或许是因为做了多年老师的缘故，好像只要手里有一支笔，我的心就能安定下来，脑子瞬间就不乱了。把想到的都写下来，先不考虑其间的逻辑关系，就一股脑儿地记下来，然后再在这些想法中寻找线索，将它们串联起来，自然就是一幅清晰的图景。所以，做计划就怕在脑子里空想，一定要有纸笔，要学会为脑子里的每一个想法拍照取证。

出来"混"，关键是"出来"

先假设，再验证，然后学习。最后放大招！

计划列定，下面就是开干；出来"混"，关键是"出来"。

在执行计划的初期，若还要面对"心中贼"，那便意味着事情尚未考虑透彻。此时，最好再想想，再分析分析，始终"稳"字当头。但若过度求稳，事事考虑得面面俱到，不仅容易伤神，还可能扰乱团队的整体节奏。可能有人会反驳，如果一味求快，万一出了纰漏，不是要被问责，就是要让领导和同事帮忙"擦屁股"，岂不是更尴尬？确实，我们不能盲目追求速度，就像我们不能一味拖延一样。但求快并非无序，它同样需要方法，甚至可以说，只有通过正确的"快"，才能达到真正的"稳"。至于"擦屁股"，这得自己擦，因为每擦一次屁股，换一个视角来看，都是一次学习和进步的机会。

那么，什么是正确的"快"？

这时，我们就要引入 MVP 这个工具了。此 MVP 非 NBA 的最佳球员（Most Valuable Player），而是最小化可实现产品（Minimum Viable Product）的简称。这个方法最早在互联网产品经理圈中流行（如图 1-1 所示），后来推广开来，成为职场中求速、求稳的利器，人人都应该有所了解。

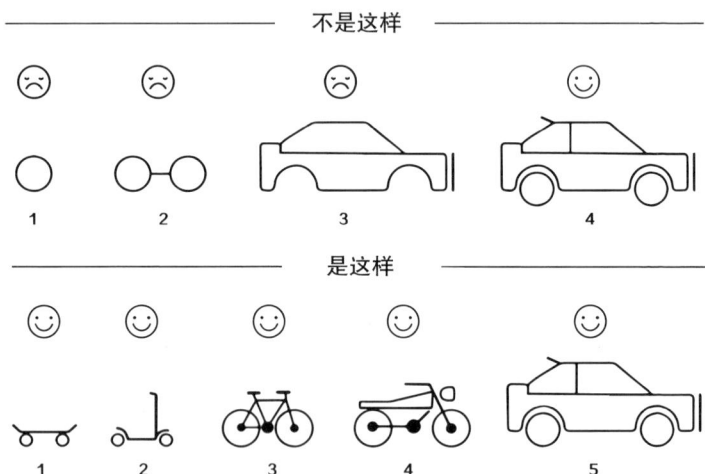

图 1-1 最小化可实现产品示例

应用 MVP 的心法精髓在于：所有正确的结果均源自假设的提出和随后的验证学习。详细拆解如下。

应用 MVP 的第一个要点是：正确的结果并非天生存在，也不是仅凭脑海里的模拟就能完全推演出来的。相反，我们脑海里的计划只是对现实的某种假设，即我们觉得这样做是对的，但究竟是否正确，还需要实践来检验。

由此，我们引申出应用 MVP 的第二个要点：计划的落地并不仅仅是为了达成所谓的目标，更重要的是验证我们的假设是否正确。做事不仅是为了做对，更是为了找到做对的方法，这一境界显然高出了好几个层次。

进一步，我们得出应用 MVP 的第三个要点：无论结果如何，都是学习与复盘的机会，都是为了寻得放大招的机会。

综上所述，应用MVP的三大步骤为：先假设，再验证，然后学习。

需要注意的是，我之前提到做MVP是用最快的速度来实现正确，而要做到这一点，关键在于抓住MVP中的"M"，即最小可实现性。也就是说，如果你想得过大、过全，自然就会慢，不仅慢还容易出错，因为中间缺乏实践的验证。一旦出错，可能就是大错，导致时间、人力、物力都损失巨大。而这种错是完全可以避免的。

相反，如果进行小规模试错，那么时间、人力、物力上的浪费都会减少。小步快跑，即便跌倒也只是崴脚。只要不骨折、不送命，就都是成长路上的小擦伤。

因此，MVP的作用便是用小错来避免大错，正所谓"小错不断，大错不犯"。

王阳明在《传习录》中谈论"知行合一"时提到"待知得真了"，他认为，知行本为一体，行过才是真知，真知必然能真行。将知行当成两件事，总是去分先后，是王阳明一直反对的。他提醒我们："待知得真了，方去做行的工夫，故遂终身不行，亦遂终身不知。"这句话的意思是，如果非要等到知道得真切了才去实践，那么可能终身都不会去实践，也就终身无法获得真知。

这无疑是对"完美主义"的一剂良药。总是觉得要把所有事情都想明白才能去做的话，不仅一辈子想不明白，也做不清楚。

打破"躺不平，卷不赢"的困局

走得快，未必走得到。

走得慢，只要有目标感，能专注，或许是第一个到达的人。

英国作家多丽丝·莱辛曾说："走得最慢的人，只要他不丧失目标，也比漫无目的地徘徊的人走得快。"这句话于我而言，犹如被闪电击中，无比震撼。我自认并非走得慢的人，从小到大老师和前辈对我的评价就是脑子灵、反应快。但事实上，在30岁之前，我始终兜兜转转，并没有做出什么名堂；甚至在30岁之后离开新东方创业，也经历了七八年的曲折，直到最近两年才渐入正轨。

这种状态用一个短语来概括，便是"目标感缺失"。反观周围很多优秀的朋友，他们看似做事总是慢半拍，却屡屡取得令我钦佩的成就。因为他们眼中只有目标，心无旁骛，所以比我这样徘徊不定的人走得更远、更快。

可能有人会说，若一生只顾赶路，而不停下来欣赏一下沿途的风景，岂非虚度？我20多岁时也曾这么想。但这里存在一个逻辑问题：停下来看风景时，你能不能真正做到专注地看风景。很多人嘴上说着要"游戏人间"，但游戏时惦记没有完成的工作，工作时又抱怨没有时间享乐。这种"躺不平，卷不赢"的困局，本质上就是目标不清晰造成的。

每个当下，都心无旁骛地专注于应做之事，这本身就是一种目标感。工作时，目标是工作，就专心工作；休息时，目标是休息，便全然放松。任外界纷扰，我自岿然不动。

"专注"二字，正是普通人与高手之间的分水岭。我们不是没有欣赏风景的机会，而是当机会摆在面前时，心里却想着未赶的路或不得不赶的路。这种内心的煎熬会让风景也变得不那么赏心悦目。

此时，你可能还有一个疑问：今天看风景，明天赶路，这难道不是丧失目标的徘徊吗？我曾经也有过这样的疑问，但经过多年的职场历练，我发现那些能够平衡工作与生活、学习与休闲的人，无一不是今天看风景、明天赶路的高手。正是因为他们有这样的目标感，所以可以在不同目标间自如切换。这种切换并不意味着迷失，迷失往往是因为心中没有明确的目标。

市面上有很多关于目标管理的书籍，但鲜有提及在梳理目标之前，更重要的"道"是培养目标感。要明白目标管理只是手段而非目的，若无"专注"二字的加持，任何目标管理的方法都很难落地。同时，市面上也充斥着各种"迅速""快速"提升能力的成功学书籍，仿佛只要沾上"快"，便意味着干货满满、作者水平高超。但事实上，人生中重要的事情，大多不能够速成。

目标拆解，告别畏难

如果不会用 SMART 原则去拆解目标，那么人生注定是艰难的。

谈到拆解目标，一个大家耳熟能详也十分有效的方法论是 SMART 原则。

S（Specific）：具体化；

M（Measurable）：可量化；

A（Attainable）：可实现性；

R（Relevant）：相关性；

T（Time-bound）：有时间期限。

我思考问题时习惯采用两个策略：一是借鉴前人经验，通过搜索或阅读找到类似问题的解决框架，直接拿来套用，这样既是学习，也是应用，学起来不累，用起来不难，关键还印象深刻；二是进一步简化这些框架，因为简化后的框架更容易掌握，形成本能反应，而本能反应是我们大多数人常用的思维机制。

所以，在运用 SMART 原则时，我总是琢磨如何才能把这个原则再简化一下。最终我发现，SMART 原则的五个指标中都蕴含了一个字：拆，拆解的拆。

首先看具体化（S）。其实具体化和可量化（M）本质上是同一件事，因为要确定目标是否具体，主要就是看其是否有数字支撑。而无论是具体化还是可量化，本质上都是将大目标拆解成小目标。不进行拆解，目标就具体不了，也无法量化。

再看可实现性（A）。巧妇也要等米下锅，目标拆解后，还需要考虑资源匹配。所以拆完目标，还要拆资源，否则就有可能导致领导承诺的资源难以到位或领导期待过高。有句话说得好，不怕领导不给资源，就怕给的资源拉高了期待。

拆解目标时，一定要将步骤拆解清楚，而不是简单地做算术题。举个例子，一个月300万元的销售业绩目标，不能简单地除以30天，每天完成10万元，每天工作10小时，每小时完成1万元。这种目标的算术分解没有任何意义。

相反，我们应该按照步骤，即营销流程来拆解。比如，如果每个用户能带来1万元的销售业绩，那么300万元的销售目标就意味着要成交300单。如果咨询转化率（即成单率）是20%，也就意味着当月需要联系1500个潜在用户。我的潜在用户主要来自抖音直播间，每直播1小时，大约会有10人在直播间停留超过2分钟，这部分人就是我的潜在用户。这也就意味着我当月要直播150小时。通过这样的拆解，我发现要完成销售业绩，我需要做好四件事：一是播够150小时；二是努力提升咨询转化率；三是优化留人话术，增加观众在直播间停留的人次和时间；四是通过直播间运营的投放手段，增加每小时进入直播间的人次。

你可能注意到了，算式式目标拆解，即便进行了拆解，你也不知道具体该做什么。而分步骤拆解，拆完你就清楚要做的具体事情。目标不是算出来的，而是做出来的，因为知道怎么做才是目标可实现的核心，并且也只有知道怎么做，你才能向领导申请相应的资源。

再来看相关性（R）。有人对 SMART 原则做过一个小改动，将 R 放在了 SMAT 之前，称之为 RSMAT。换言之，任何具体的目标都是由一个更大的目标拆解出来的。此言非虚。目标往往具有阶段性，通常一个目标的完成恰好是一个更大目标实现的前提和手段。所以我们不必苛求自己每次制定目标时，都要立刻做到清晰具体。抽象甚至难以言状的目标并不是思考能力弱的表现；相反，它们往往是正确思考的起点。我们只需要在思考或实践的过程中，不断将目标缩小、细化、聚焦。至此，不知道大家有没有发现，S 和 R 其实是一体两面的关系。S 强调的是目标由大及小的拆解，R 强调的是由小及大的组装，无非就是"拆"与"装"二字。若目标只能小而不能大，就会只见树木不见森林，不明白做事的意义；若目标只能大而不能小，则会混沌一片，不知道从哪里下手。目标的"拆装"，是绝对的心法，要常用常新。

T 指的是有时间期限。时间本身就不是一个自然概念，而是一个人造概念。在人类出现之前，时间尺度的意义微乎其微。即便是有了人类文明之后，时间的颗粒度也是随着文明的复杂程度不断精细化的。在中国古代，一个时辰相当于现在的两个小时，并且没有分钟、秒的概念。因此我们不难得出，时间概念的建立，一方面是为了测量事物的运动变化，另一方面是为了大规模地协调复杂组织。这两个作用在目标管理中非常重要。

首先，目标的推进情况要结合时间来考察。比如这个月要完成300万元的销售额，那么我每天需要做什么才能达成这个目标？如果时间过半但目标才完成了30万元，我可能就需要调整方法以更好地达成目标。由此可见，时间让目标变得更加可测，并且标定着事物变化的节点。

　　其次，在目标推进的过程中，大量的组织协调工作是必不可少的，每个人都有各自的目标，所有人的目标汇总起来就构成了组织的目标。此时，如何有条不紊地推进工作，就需要大家按照一定的节奏来协同努力，而沟通这一节奏的重要抓手就是时间。若一个职场人能高效地设定时间表，把握住做事的节奏，那他在一家公司里就不难成为骨干。

　　在我看来，SMART原则是职场中基础且重要的管理工具。它不仅是目标管理中不可或缺的工具，更在沟通、项目管理等诸多方面扮演着重要的角色。这个原则，不可不知，不可不练。而SMART原则的关键就在于一个"拆"字。多年前，网络上流传着一个"梗"，谓之"人艰不拆"，字面意思是人生已经非常艰难，就不要再去拆穿了。但我却有一番不同的解读，我觉得"人艰不拆"实际上是在说，如果不会用SMART原则去拆解目标，那么人生注定是艰难的。

重视复盘，而非结果

很多人之所以在目标管理上出问题，就是因为在"拆"这件事上没方法、没耐心。

目标和结果是两个不同的概念：前者是我们对未来的设想和计划，后者则是过往因素累积后的现实展现。这一重要区别是我们在制定目标时必须关注的。若只盯着结果，不仅情绪会受影响，还可能影响效果，甚至导致我们在下次制定目标时畏首畏尾。因此，我们应关注达成目标的步骤分解。

简言之，别只盯着结果，要盯步骤。

首先，结果作为之前工作的汇总，是过去式。过去之种种，不是我们能把握和改变的，任何超出我们可控范围的事件，过分纠结只会徒增内耗。举个例子，你参加马拉松比赛，若你的目标是跑完42千米，但由于实在体力不支，只跑了20千米就退赛了，此时就没有必要沮丧，因为这20千米是你体力和训练水平的真实反映，是之前体力和训练积累的结果。如果你看到别人跑完全程并获得奖牌就心生懊恼，那你就是错把结果当目标了。又如，如果我们月初制订的200万元销售计划，月末只完成了100万元，这也不是目标高低或结果好坏的问题，而是意味着我们需要根据目标来调整日常营销策略。

目标是前进的方向，结果只是达成目标过程中的一个阶段性事实。我们不应陷入达标或没达标所带来的情绪，而是要用阶段性的事实去对照目标，以此为基础进行复盘，并制订出改进计划。在复盘时，我们要回顾之前做了哪些准备、采取了哪些行动，并分析哪些行动是有效的，可以继续坚持；哪些行动是无效的，甚至产生了负面影响，需要及时调整或停止；以及还有哪些必要的行动是缺失的，需要补充实施；等等。面对结果，我们应该做的是复盘和改进，而不是简单地评判对错好坏。

其次，若只关注结果，往往达不成目标。前文中提到，要实现目标，必须将其分解为具体的、可执行的步骤，而不是将其当成一道简单的算术题。那么，到底如何有效地拆分目标呢？这里提供一个关键的洞察：对任何目标的拆解，都要遵循一个原则，即这件事必须在你的可控范围之内。以减肥为例，很多人只关注减肥的结果，如"我要在一个月内减重 5 千克"。"减重 5 千克"可能是一个好结果，但绝对不是一个好目标，因为它缺少具体的步骤，且减重多少这件事并不完全在你的可控范围内。而"我每天要跑 5 千米，并且每餐少吃碳水"这样的描述就是步骤，而且在你的可控范围内。

如果你觉得自己的意志力不足，没法坚持每天跑 5 千米，那么目标的拆解就需要进一步细化，先解决意志力的问题。例如，你可以先制订一个每天跑 1 千米的计划，坚持一周，然后逐渐增加距离，每天多跑 500 米，直到每天能跑 5 千米。在时间安排上，你可以争取每天早起1小时进行锻炼，而为了做到早起，你可能还要调整作息，争取晚上也早睡1小时。同样，为了能够早睡，你可能就要提升工作效率，或者减少晚上玩手机的时间。

千万不要觉得麻烦，因为目标的实现本质上就是一个"拆解＋各个击破"的过程。盯着结果看似容易，但做起来却难如登天。很多人的目标管理出现问题，根源就在于对"拆"这件事缺乏方法和耐心。

再举一个工作上的例子。比如之前提到的要在一个月内完成300万元的业绩目标。当时按步骤拆解，其中一步是优化我在直播间的留人话术，争取将停留超过2分钟的人数增加30人。那么，接下来就需要进一步拆解，直到实现这个目标在我的可控范围内。比如我需要学习一些有效的留人话术，但我不知道去哪里学，这就明显超出了我的可控范围。因此，目标需要进一步拆解为：找到学习留人话术的渠道。如果这一步仍然不可控，那就需要采取更具体的行动，比如问问别人，或者上网搜索，抑或是去其他主播的直播间观摩学习。到这里，我找到了可控的步骤，能够采取具体的行动了，目标才算真正拆解完毕。人们常说，办法总比问题多，但关键在于是否能够将目标拆解得足够彻底，并确保每一步都在我们的可控范围内。

最后，目标和结果是两件事，前者是我们对未来的假设，后者是具体发生的现实，而且是过往种种因素累积而成的一个产物。这个重大的区别是我们在进行目标设定时必须关注的。目标只是一个方向性的指引，并不意味着一定要达到。达不到目标很正常，关键在于我们能够从中学到什么。这与将目标拆解到可控范围内的行动是直接相关的。如果目标在制定时只是一个简单的算术结果，而没有进行具体的步骤拆解，那复盘时就会两眼一抹黑。没有具体的步骤，复盘就会变得毫无意义，做成了也不知道是怎么成的，没做成也不知道下一步应如何改进。于是，只能将失败归咎于目标定得太高、领导支持不够、自己对问题的认识不深刻、执行的时候不坚决等。下一次制定目标时，我们可能会说，由于上次没有完成，所以这次要更加务实一些，一步一步来，结果只是简单地在数字上做了减法，仍然还是四则运算。这样的循环往复只会导致目标越定越低，最终不了了之。

人们常说，不换目标就换方法，但如果你连具体的步骤都没有，又何谈方法呢？只有将目标拆解到你可以控制的范围内，你才能采取行动，而不是空想。只有一系列具体的行动才能产生相应的结果。结果固然重要，但通过复盘调整达成目标的方法同样重要。好的目标是可以鼓舞人心的，但前提是你要一次次地找到达成目标的方法。如果成功只能凭运气、靠概率，那只会让你越来越泄气。

七分正经，三分"痴呆"

七分正经，就是做事一板一眼，目的在于"度生"。

三分"痴呆"，则是不执着于事物，甚至略带随性，目的在于"防死"。

宽严有度，才是真正的高手。

《小窗幽记》是一本很好玩的书，里面有许多对仗工整的警句。作者陈继儒（一说陆绍珩）一生经历坎坷，又善于深思，因此写出来的东西音韵和谐，读来朗朗上口，意境也颇为深远。若日后遭遇类似的人生境遇，你大可一拍大腿感叹："古人诚不欺我！"本节的标题便出自此书，原句是："留七分正经，以度生；留三分痴呆，以防死。"

中国古人的智慧中，有一条便是"三七分"的哲学。所谓"七分正经"，在我看来，就是做事一板一眼，目的在于"度生"。"度"，如同过河，过去就行。

而"三分'痴呆'"，则是不执着于事物，甚至略带随性，目的在于"防死"。此言深得我意。在工作中，有一种不好的状态叫作半死不活，英语中称之为"autopilot"（直译为"自动驾驶仪"），因为有点像飞机飞上天后，飞行员将操纵权完全交给飞行电脑，进入自动驾驶模式。工作中"半死不活"的状态，恰恰源于前面说的"七分正经"。各种规则法度的约束，让人不敢越雷池半步，一是没必要，二是怕折腾。但这种"没必要"和"怕折腾"，也扼杀了灵气，导致了工作状态的半死不活。所以，这三分"痴呆"，既是防死的命门，也是创造力的源泉。

前面我一直在说做计划、定目标，正经有余，"痴呆"不足。不正经成不了事，但缺了"痴呆"，则成不了大事。所以，这一节主要是想给大家松松绑，强调一下目标管理的真正目标。目标管理绝不是为了让人做事一板一眼，而是让人节省精力，并将节省下来的精力投入创新之中，去解决本质的问题。

有人会问，如果制定了目标却没有达成，该怎么办？这其实是计划制订和目标管理中常见的二元困境：达成目标是不是一定意味着成功？没达成目标是不是一定意味着失败？

此时，运用"三七分"的哲学可以有效破解此类困境，解法如下。

第一种解法，采用 SMART 原则进行目标拆解，先满打满算，设想在一切条件都具备的情况下能达成的最好结果。以此为基准，打七折设定及格线。未达到此线即为没有完成目标，达到这条线或以上则视为达标。剩余的三分，鼓励大家发挥创造力，成了则有奖励，不成也不气馁。在放松的情况下，这三分"痴呆"就是用来"防死"的。

第二种解法，设定多重目标，其中七成必须严格实现，不能讨价还价，余下三成则放手一搏，主打一个玩得刺激。

事实上，很多依赖高密度创意的行业都在践行"三七分"的哲学，七分守旧，三分创新。例如，爵士乐队往往只有一个固定的编曲框架，上台表演时，乐手们会围绕这个框架进行即兴弹奏，观众们无不拍手叫好；中国的传统相声与之类似，结构上沿用老先生的套路，但表演者要学会"砸挂""现挂"，与观众进行即兴的互动，使现场笑声不断。谷歌和字节跳动等公司采用的 OKR（目标与关键成果法）管理模式也异曲同工，其核心在于制定目标时区分难易，因为这些创新驱动的企业都明白，如果目标轻易达成了，可能不是因为目标设定得当或大家干得漂亮，而可能是这个目标设定得过低了，或根本没有触及最重要的问题。

凡做难事，必有所得，但做难事注定伴随多次失败；失败多了，人的精气神就容易散掉。反之，若事事皆成，那也只能说明事情太简单了，而非你的能力超群。事情太简单，人就会感到乏味，同样会消磨精气神。因此，"度生防死"，便在这"三七分"的哲学之中。宽严有度，才是真正的高手。

提升单位时间的价值

不想自己的时间被折叠，你就要有折叠时间的本事。

本节探讨时间管理的问题。时间本身是不可管理的，我们只能管理自己对时间的分配。

基于此，我们可以得出时间管理的第一定理：把时间分配给重要的事情，其余则不必太在乎。

忙碌并不等于高效，在时间管理上，不能以时间使用的状态来衡量时间使用的结果。"我可以很闲，但事情却办得不错"，这才是时间管理的核心。因此，如果你现在感到很忙，那么首先要学会让自己闲下来。

时间管理的第二定理是：不管是忙是闲，关键在于掌握时间的支配权。换言之，要想忙就忙，想闲就闲。有人可能一听马上会反驳："怎么可能？"其实你不可能，不代表别人不可能，区别在于能力和目标清晰度。

在公司里，高管往往比一线员工更清闲。亚马逊的创始人贝索斯曾说："我每天的主要工作，是做少而精的决策，要是每天能做出三个明智的决策，那就够了。"高管未必轻松，但一定清闲。如果他们不清闲，其决策质量势必会下降。正所谓"兵熊熊一个，将熊熊一窝"。高管的任务就是要将时间分配给关键事务。

公司的高管，一个决策可能为公司赚来 1000 万元，也可能让公司损失 1000 万元，如果你是他的老板，你是希望他在很短的时间内就做出决策，还是希望他仔细调研，反复斟酌？显然是后者。那么，斟酌这个过程是体现在他脑子里的，还是体现为他四处奔波、忙里忙外呢？或者说，你作为老板，更在乎的是他做出正确的决策，还是他表面看上去很忙？如果他这个决策做对了，公司因此赚了 1000 万元，他拿走 10 万元的工资，还是很合理的吧。反过来，一个员工每天的具体工作非常清楚，经过一定的培训，也能很快上手。在这种情况下，这个员工每小时的工资为 100 元，那么请问，他如果要赚到 10 万元，需要多久？答案是 1000 小时。如果按照每天 10 小时来计算，他需要工作 100 天。

因此，我们可以推导出时间管理的第三个定理：时间管理的核心目的在于提升单位时间的产值。

总结一下这三个定理：第一，时间管理关键在于把时间分配给重要的事情；第二，时间管理的前提是你拥有支配时间的权利；第三，时间管理的核心目的在于提升单位时间的产值。

掌握了这三个定理之后，我们再来看时间管理四象限法则，就会一目了然。这四个象限分别是：不重要且不紧急的事情，重要但不紧急的事情，重要且紧急的事情，以及紧急但不重要的事情。[1]

---

[1] 这里为了与下面的叙述一致，调整了四个象限的顺序，原顺序为：重要且紧急的事情，紧急但不重要的事，不重要且不紧急的事情，重要但不紧急的事情。

首先，时间管理应从不重要且不紧急的事情开始。对于这类事情，我们应该及时叫停。每天无聊地玩手机、逛淘宝，以及各种看似能带来短暂快乐的无效社交等，都属于这类事务。这些时间节省下来，就是你能立刻支配的时间。很多人经常抱怨自己没有时间，却没有意识到很多时间都被自己无意中消耗掉了。现在，很多生意就是专门通过帮人们消磨时间来获利的，各路媒体和商家也乐此不疲地炒作"及时享乐"的观念。你的时间消磨得越多，你就越有可能丧失成功和跃迁的机会。

其次，是重要但不紧急的事情。这类事情通常包括读书学习、锻炼身体、保持良好的精神状态，以及建立长期有价值的社交关系等。大家都知道这些事情的重要性，但为什么坚持投入的人却很少呢？原因在于，重要但不紧急的事情往往需要长期主义精神，不是一朝一夕就能见到效果的。用古人的话来讲，做这些事情要学会用"绵力"，即每天努力一点点，坚持长期做下去。由于这些事短期内看不到明显效果，很多人就被那些不重要且不紧急，但是能带来即时满足的低级快乐诱惑。因此，谁能抵挡住这种诱惑，并有节奏、有计划地将时间投入重要但不紧急的事情中，谁就完成了时间折叠的第一步，也是最重要的一步。

再次，是重要且紧急的事情。处理这类事情的本事是平常练就的。我常说，真正的高手不是在正常情况下超常发挥，而是在非常情况下也能正常发挥。就像读书时，如果你想在月考中从年级第一百名超常发挥到年级第一，一点都不现实。但如果你把每次考试都当成高考来认真对待，以稳定的心态应对，始终保持水平一致的发挥，那么在最终的高考中，你只需发挥出平时的水平，便已是高手所为。因此，保持正常发挥才是我们日常提升的关键点。

要做到这一点，我们需要事后仔细分析那些重要且紧急的事情，判断它们究竟是突发事件，还是由于我们虽预见到了可能性但准备不足造成的。如果是突发事件，那未来类似情况再次出现的概率有多大？如果概率很小，我们在处理之后就可以置之不理；如果概率较大，我们就有必要在日常生活中进行常态化的练习与准备，将此类事情变成重要但不紧急的事务。

比如，临近开会，领导突然让你赶紧去打印开会用的 PPT，并把上个月的经营数据汇总一下。你着急忙慌地跑去汇总数据，然后打印 PPT，但紧赶慢赶还是晚了一会儿才到会议室。你满头大汗，非常窘迫。这时，你就需要复盘：是不是以后每次开会前都应该提前打印好 PPT？或者询问一下领导参会人数，以及是否需要打印PPT？你也可以每周或每月主动汇总数据，这样，紧急事务就因你的提前安排而变成了常规工作。而这种职业习惯的培养，正是高手与普通人之间的分水岭，假以时日，两者之间的差距将如云泥之别。

初入职场时，我们的时间往往被大量重要且紧急的事情占据，整天忙碌不堪。大家有没有思考过这种忙碌背后的原因？不妨先想一想，我稍后再揭晓答案。

最后要处理的是紧急但不重要的事情。处理这类事情的原则通常是授权代理，让别人帮忙处理，以便你能把时间节省下来用在重要但不紧急的事情上，去修炼自己的内功。

时间是可以被折叠的。如果你每天都被领导交办的各种重要且紧急的任务压得喘不过气，好不容易下班了，只想"刷"剧来放松，周而复始，那你的时间就被折叠了。因为你的时间不值钱，所以你不得不大量出售时间来换钱，这导致你没有时间来做那些重要但不紧急的事情，如读书学习，来提升自己单位时间的产值，进而陷入继续大量出售时间的负性循环。

所以，时间管理四象限法则一定程度上是给那些能自主支配时间且有钱购买别人时间的人准备的。而对于时间被折叠的普通人来说，更应该回到前文提到的时间管理的三大定理上来，将其转变成我们的行事原则。

第一，明确什么对你而言是真正重要的。你是想不断进取成为领导者，还是做一个自由的灵魂？如果是前者，那你就去拼搏，拒绝那些不重要且不紧急的事情的诱惑，去学习，去锻炼身体。如果你只想做一个自由的灵魂，那就"快乐为王"，不受任何人的摆布，勇敢拒绝领导的不合理要求。

第二，要争取支配自己时间的权利。首先从减少做不重要且不紧急的事情做起，不做消费主义的奴隶。同时学会说"不"，把主要精力放在那些重要但不紧急的事情上；通过提高能力和做好预案，减少重要且紧急的事情发生，或在多次面临此类任务时学会说"不"，这也是一种向上管理的策略——让领导意识到任务安排的不当之处。

第三，要提升自己单位时间的价值。说到底，如果你不想自己的时间被折叠，那你就要有折叠时间的本事。提升能力无他啊，方法你都会，干不干，随你啦。

无记录，不改进

任何改进方案都是从记录开始的。

上一节讲了时间管理的理论部分，这一节讲实操层面。你可以将本节的核心方法论视为连接理论与实操的桥梁，其有助于你将理论转化为实际行动。

实操的第一步叫作"无干预记录"，即在改变自己的时间管理习惯之前，先详细记录自己一天当中做了什么，明确每项活动开始和结束的时间。正如硅谷流行的那句名言："如果你不记录它，你就无法改进它。"这就是"无记录，不改进"的道理。

这一步干起来很琐碎，但至关重要，因为它能直接淘汰 80% 的参赛选手，所以人生要想赢得 so easy（容易），去做别人耐不住性子做的事是很重要的。

第二步，处理原始数据。按照前文讲的时间管理四象限法则，将你每天做的事情分门别类做汇总。如果你熟悉 Excel，可以给不同类别的事情标上不同的颜色，然后进行筛选和排序。如果不熟悉，就手动处理，选择四种颜色的笔，先标记，再统计。

第三步，制订改善计划。处理完数据后，你需要根据时间管理四象限法则来制订改善计划。对于不重要且不紧急的事情，坚决不做或少做；对于重要但不紧急的事情，要分配更多时间；对于重要且紧急的事情，要思考如何预判并形成 SOP（标准操作流程）；对于紧急但不重要的事情，考虑是不是可以花钱外包出去。然后，根据这些计划重新安排下周的工作和生活。

第四步，执行与反馈。每天睡觉前，把第二天的时间表在脑海中过一遍；第二天早上到工位上，再排一遍时间表，一项一项推进，完成后画钩。坚持一周后，周日再做一次统计，然后与上周没有干预的数据进行对比，看看自己是否有所改进。同时，根据本周的经验和教训，制订下周的计划。

这听上去好像不难，但如果你能坚持三个月，再回看首次记录的无干预的日程，你会惊讶地发现之前的时间竟被浪费得如此严重，同时你也会更加珍惜自己的时间，并感叹自己工作与生活的效率有了显著提升。

当你进入这个阶段后，可以试着使用各种工作效率管理工具，比如 to-do list、日报、周报、月报等。这些大家常不堪其扰的案头工作，设计的初衷都是效率管理工具，但很多人并没有抓住它们的本质，也不懂得如何合并使用，所以觉得没多大用处。

换个角度来看，如果你本来就想提升自己的时间管理效率，那么每日的 to-do list 就不需要等公司要求才做。你自己前一天晚上睡觉前和当天到达工位后，就会安排好日程表，这本身就是 to-do list。交不交给公司，你反正自己都要做，你给自己做，那就走点心。同理，日报可以是你这一天时间使用情况的汇总，周报可以是你制定下周时间表的参考素材。至于月报，你写完后稍微整理一下，转手一贴就是简历里的一份工作成果展示。通过对 to-do list 进行复制和粘贴，你就能生成日报；对日报进行删减和拼凑，就能得到周报；对周报如此操作，可以将之转化为月报；月报稍一调整就成为简历的一部分。别人写月报可能要一整天，而你则只需三分钟，这就是效率的差异！

各种效率管理工具的本质，其实就是"记录—改进"的过程。而这一过程，正是从理论到实操的不二法门。那么，我们就用这套方法来对前文所讲的 SMART 原则进行一次实操演练。

第一步，记录。记录下你每天所做的事情以及这些事情服务于哪些目标。

第二步，梳理记录。将这些事情进行归类，比如你一天做了十件事，归类之后发现它们服务于三个目标。

第三步，根据 SMART 原则，对这三个目标的设定进行改进，同时明确要做的具体事情。

第四步，按照改进后的计划去执行，看看反馈的结果。

第五步，试着进行理论提升，将工作中其他看上去低效的事情，也纳入目标管理的范畴。

我希望大家都实践一下这套方法。大家可以从时间管理和目标管理开始练手，等熟练掌握之后，再尝试用这套方法来实现这本书里的其他目标。这本书练熟了以后，就拿别的书倡导的目标再试试。如此往复循环，实践无穷尽也。

记住，心能转境，就是坚持了自我；而心不随境转，自然落得一片清凉。

解决问题要深入现场

找答案的路途：

首先，在解决问题之前，我们需要清晰地定义问题；

其次，向客户要答案，因为很多问题的答案，就在客户那里；

最后，向对手要答案，因为很多答案在对手那里。

工作中遇到自己暂时无法解决的问题时，大家经常感到一头雾水。想问领导，又怕领导批评自己不思考；想看书求解，又不知道看什么书；想报班系统学习，但既没有时间又担心学了也未必有用。真是一想就全是问题，干起来也未必能立刻找到答案。其实，寻找答案的路途固然崎岖，但踏上这条探索之路并不困难。听我细细道来。

首先，在解决问题之前，我们需要清晰地定义问题。模糊的问题定义本身就是一种逃避，不是你在追着问题跑，而是问题在追着你跑。定义问题需要我们到现场去观察，问题出现在哪里，我们就去哪里。离问题越近，我们对问题的定义就越清晰。稻盛和夫有一句名言："现场有神明。"这句话影响了一众日系企业——它们特别注重到现场而非办公室去发现问题，去了解情况，然后想到就去试，从来不隔夜。这种"卷王"精神让日企在很多领域成为全球企业的标杆。

有一次，我在直播间与一位观众连麦答疑。他描述自己的问题时，说："我是一家大厂的中台员工，主要负责采购工作，需要前台的同事在 deadline（截止日期）之前提交一系列文档。但是前台的同事不积极主动，team leader（团队领导）让我去 push（催促），我该怎么办？"

说实话，我一听头就大了，互联网公司不直接说互联网公司，非要说大厂；中国人和中国人沟通，不好好说中文，非要夹杂英文单词。我对此种"语言残疾"不能说反感，但至少是一头雾水。他们好像说了一堆话，看上去很专业，但实际上有效信息就那么一丁点儿。用大白话说就是："一线同事需要按时向我提交文档，但是他们很不情愿，领导让我催，我该咋办？"

空洞的语言是对思想的侵蚀，久而久之，也就没有了思想。脑子里没有了能进行问题研究的思想，便只剩下问题无解所带来的情绪，情绪反复震荡，这班也就没法上了。

我给这位观众的建议是，去跟一线的同事跑一天业务。因为只有深入现场，你才能真正发现并准确地定义问题。当你看到一线同事在客户面前低声下气，你就不会再让他们提交每次客户拜访的详情，而是会鼓励他们向总部提资源要求，或者站在用户的角度给自家的产品提出改进建议。至于什么中台、前台、后台的划分，能让一线的同事见到客户时不必低声下气，那就是亲密的战友、给力的友军。大家之所以不愿意填写中台的单子，很可能是因为填了单子，他们仍然要在客户面前低声下气，而且填写单子还严重占用了他们本可用来服务客户的时间，给他们造成了精神上的二次伤害。说到底，你不在现场，就没有发言权；你不能解决问题，就不要瞎指挥。什么叫现场？有问题的地方就是现场，你需要自己过去看看。

其次，向客户要答案，因为很多问题的答案，就在客户那里。我们总是希望把客户兜里的钱装到我们兜里，劝他们买产品，买服务，做复购，并推荐其他用户。凭什么？很多初级的销售一上来想都不想，直接说因为他们的产品好、价格低。客户一听，赶紧捂住自己的钱包，因为没有哪家销售傻到说自家产品不好，并且客户买东西是要去解决他的问题，而不仅仅是图便宜。产品好不好，客户说了算。客户觉得你的产品能解决他的问题，那就是好；价格低不低，市场供需说了算。市场上只有你家有这个产品能解决客户的问题，那再高的价格都合理。

弄清楚这一点后，高级的销售不会冲上去就吹嘘自己的产品。相反，他们会真诚地向用户发问："我们的产品应该如何调整，才能更好地满足您的需要呢？"除了价格因素外，用户提出的所有建议，都可以作为企业经营的核心问题去研究。好的销售从不只卖产品，他们更看重解决用户的问题。实际上，用户自己往往就是解决问题的高手，只是他们通常没有足够的时间和精力去细化问题的答案。

换个视角来看就很容易理解了。比如你去一家饭店吃饭，你可能会觉得某个菜如果再加点辣椒就更好了，或者蔬菜最好再新鲜一点儿，哪怕量少点儿也行，要是能再配点儿小菜就更棒了……总之，你有一肚子的建议。再试想一下，如果这家饭店的经理天天带着员工开会，远离用户，自己异想天开，那他们能憋出什么好主意呢？

这些一线员工又会怎么看待这个经理呢？我相信你的答案一定会比我的更加直白有力。

可能有朋友会说，如果用户也说不清楚他们要什么，或者他们就是关心我们的价格，那该怎么办呢？别急，这恰好是寻找答案的第三条路径。你只需多问一句："您觉得市面上哪家产品能满足您的需求？或者哪些产品值得我们去看看，学习学习？又或者哪家的价格比我们有竞争力，我们去了解一下？"

对，这就是寻找答案的第三条路径——向对手要答案，因为很多答案在对手那里。一提到对手，大家总觉得同行是仇人，其实大可不必这样。同行中也有高人，有比你离现场近的人。我们如果能贴近对手，自然也就贴近了现场。用户说某家产品好，我们就买来研究研究，该学的学，该改的改。用户说对手的产品便宜，我们就去研究一下他们产品的成本结构和商业模型。有可能你家产品贵，是因为总部租了一个 CBD 的办公楼，人家产品便宜，可能是因为人家在创业社区里租了办公室。这些都是你抵进现场，才能发现的内核。

坐在办公室里主观认定的对手未必是真正的对手，用户口中频繁提及的同类产品，才是我们真正需要重视的对手。这在营销学中被称为"用户心智"。除了近距离观察对手的产品与服务，我们还可以从对手那里挖掘优秀人才。一类是真挖，一类是行业交流。我们不要用自己对对手的认知去限定他人博大的胸怀，人才是流动的，三十年河东，三十年河西，打工人建立的行业口碑和人脉是揣在自己兜里的。一旦要开始跳槽，在业界有良好口碑的人，大多是走内部推荐机制，而另一些人就只能上招聘网站，一关一关地去竞争。格局都是面向未来的，现在的工作可能只是下份工作的几行简历而已。

无论是拜访客户还是接触对手，关键都在于走出办公室，去现场探访。走出去，意味着离开办公桌，意味着与人交流，意味着主动提问。说到底，那些天天声称不知道答案的人，内心深处可能是自负的，因为他们觉得自己本该知道答案，或者答案应该长腿跑来找他们，或者眼前的难题应该随着他们的"意动"而烟消云散。他们忘记了，真正的答案和解决方案在现场，而他们自己也并非无所不能的神明。

好的提问，基于发心

高效的提问方式有以下七种：

第一种，横铺发散法；

第二种，重点明确法；

第三种，纵向深挖法；

第四种，历史回顾法；

第五种，信息确认法；

第六种，对立挑战法；

第七种，信源推荐法。

接下来，我们来探讨提问的方式。一个好的提问，不仅有助于你获得深刻的洞见，还能让回答者感到有所收获，同时为双方创造进一步讨论的机会，并建立信任基础。

好的提问策略，先是基于发心的。其中，"空杯心态"和"课题分离"是两个重要的概念。在这里，空杯心态意味着，当你请教他人问题时，不能先入为主，更不应以一种挑战的态度去发问；而课题分离是指，问题的最终答案应由你自己来判断，他人不是必须回答你的问题，也不必为他们的答案负责。如果缺乏这两个发心，结果很可能要么是你与对方发生争执，要么是对方找借口"关闭对话框"。

鉴于此，在提问时，我们应先向被访者明确告知提问的目的，而且最好是最终目的。当然，这类提问的目的是寻找你不知道的见解，而不是挖掘对方的需求或攫取其他利益。之所以要说明最终目的，是因为很多精妙的答案往往是直击最终目的的。比如，你问别人如何在墙上打孔而不破坏墙面的美观，但你没有说明最终目的——在墙上挂一幅画，讨论可能就会局限在打孔这一具体行为上。如果你这样说："我想在墙上挂一幅画，但又怕破坏墙面的整体美观，我应该怎么做？"你可能得到的答案是："现在市面上有一种特别神奇的双面胶，既能粘住重物，去除时也不会留下痕迹。"这个答案比"打孔"更能有效解决问题。

有了上述前提铺设，接下来，我们来探讨几种高效的提问方式。

第一种叫横铺发散法。这种方式的本质是发散思维，而发散思维是所有创意的起点。简言之，就是"开脑洞"，而且是那种不加任何限制与否定的"开脑洞"，尽可能地穷尽各种可能的选项。例如，当我想了解如何拉动用户增长时，我会把问题设置成："我现在在用户增长方面遇到了压力，为了保持用户增长的势头，我可以做哪些事情？"

请注意，横铺发散绝对不是只提一个问题，而是要提一系列问题。最常见的是追问："还有没有别的方法？还有没有别的可能？"在追问的同时鼓励别人回答，而不是逼迫，这就考验我们的情商了。可以在别人给出一个答案后，立刻给予肯定："这个好！我怎么没想到！说得太对了！"然后继续追问："还有啥？帮我再想想！"

第二种叫重点明确法。如果说横铺发散法的核心是"开脑洞"，那么重点明确法就是聚焦和收敛。这么多选项、步骤、策略，哪个最重要？我们需要明确这一点。提问的模板万变不离其宗："在……当中，你觉得哪个是最重要的？"用形容词的最高级，直接标定一个关键点。

回到之前的例子，如果对方给了我三个用户增长策略，我可以问："这三个方法，你觉得我应该最先尝试哪个？"或者："你觉得这三个方法中，哪个最容易尽快看到效果？"又或者："如果我要选一个方法，你觉得哪个成本是最低的？"收敛的标准需要你自己去界定，你可以尝试不止一个标准，不断地比较这几个选项，判断它们的优劣。

第三种叫纵向深挖法。这个方法建立在重点明确法的基础之上，旨在深挖一个答案背后的原因、背景及逻辑。实施时，可以采用经典的三问，即"是什么""为什么""怎么办"。其中，"是什么"的问题旨在明确定义，让对方为我们解释那些不太熟悉的名词；"为什么"的问题则主要用于探寻事件的原因或目的；而"怎么办"的问题则侧重于了解具体的实施方法或判断标准等。

回到用户增长的例子上，若对方告诉我短期见效最快的方式是通过短视频平台投放广告直接获客，我便可以追问："你认为目前哪个短视频平台的获客效率最高？"（是什么）或者"为什么现在短视频平台投放广告获客的效果这么好？"（为什么）或者"如果要投放短视频广告，你认为我应该怎么做？"（怎么办）

这种深挖的提问方式旨在揭示答案的前因后果，其核心目的不仅在于找出具体的行动方案，更在于归纳背后的方法论。面对他人给出的答案，你需要进行二次加工，学习的重点应放在对方的思考过程上，而非不断地追问结果。简言之，"学渣"抄作业是照搬答案，而学霸关注的是解题过程，并以此来反思和提升自己的思考方式。

当纵向深挖法显得过于宽泛时，我们可以采用第四种提问方式——历史回顾法。其提问模板为："当时你是怎么做的？当时你是怎么想的？你能具体讲讲之前你是怎么一步步操作的吗？"这种方法的核心在于还原答案的历史背景和整个事件发展的过程，帮助我们身临其境地进行观察和对比，从而了解当下应采取哪些行动。特别是当对方的答案过于抽象，如"你要有能量""你要有心力""你做事要仔细"等这些类似中学班主任的口头语时，我们应立即运用历史回顾法，去探寻在过去的某一时刻到底发生了什么。

历史还原论是一种效力极其强大的方法论。我们不能只看一个牛人现在如何牛，更要回溯到他们尚未崭露头角，尤其是最困顿的时候，看看他们是如何坚定信心、如何做出正确选择的，以此来指导自己。事实上，绝大多数人物传记采用的都是历史还原论的写作手法。同样，我也推荐大家阅读《亚马逊编年史》《激荡三十年》这类商业史书籍，它们是你理解和感受历史还原论作为一大方法论在实践中的操作与应用的绝佳机会。

接下来，我们来探讨第五种方式：信息确认法。通常，前四种方式侧重于通过提问获取信息——这些信息需要我们经过思考和再加工后再拿来尝试解决自己的问题——而不是简单地把自己的问题抛给别人。当你进行思考后，就可以运用信息确认法将你理解的信息反馈给对方，请其再次确认，以确保你的理解准确无误，避免"他说城门楼子，你聊胯骨轴子"。

信息确认法的一个常用模板是："你看我这么理解对不对……如果我将你说的这个方法应用到我的情境中，我打算这么做，你觉得如何？"

信息确认法也是一个非常有用的对话技巧，它能让对方感受到你一直在关注他所说的话，同时也在积极思考和反馈。还是那句话，提问不是审问，能不能问出好的答案，既取决于提问的角度，也取决于你展现出的情商。

第六种方式和前五种不太一样，叫作对立挑战法。前五种方式都是顺着话题提问，正面鼓励对方多谈谈他的思考和感受，而第六种则带有一点反向操作的味道。但请注意，这种反向操作并不是故意抬杠。你可以这样说："我听别人说，好像这个事儿应该这样做……你怎么看？""有种说法我不是特别赞同，大概意思是……不知道是不是这个道理？"

我们可以假借一个虚拟人设，将对立的观点抛给对方，从而将自己的立场巧妙地置于对方的同侧。这样做既能增加对方在思维上的压力，又不会在人格上与其形成直接对立。有时，人们在压力之下反而能爆发出惊人的创造力，同时有了一个对立的观点作为靶子，也能使对方在回答时更加有的放矢。

当然，第六种方式不宜常用。沟通学中有一个叫作"拉波波特法则"的原则，它建议人们将同意和反对对方观点的比例保持在 3：1

左右。遵循这一比例，对话就能保持友善且坦诚，避免出现一方咄咄逼人、另一方不断退守的局面。

第七种方式叫作信源推荐法。这是一种在双方谈话结束时可以采用的策略，即让对方帮你推荐其他人、文章、网站或图书，以便你进一步研究相关话题。多年前，我有幸与一位很有名的投资人交流，我俩聊了一下午，我得到了很多有用的建议。谈话即将结束时，他半开玩笑地说："今天下午你可是赚了，这似乎有点儿不公平。这样吧，我给你一个任务，给我推荐两三位你觉得特别出色的创始人，我也想见见他们。"

我不得不感叹，投资人在社交关系的建立上，手法确实高明。对话或许是短暂的，我们需要尊重彼此的时间，但问题是无尽的，对研究问题的兴趣也应该得到长期的关注和培养。因此，信源推荐法是一个特别好的提升认知、扩展社交圈的方式。

以上七种方式，大家可以多加练习。或者，有机会的话，你也可以先从观摩做起，看看你的领导、老板或前辈在进行商务交流时，都运用了哪些提问的方法。

高手都具备信息汇总能力

信息汇总能力涵盖了信息来源的层级、语言系统的运用、信息整合的速度、有效的归纳方法、巧妙的搜索技术以及敏锐的问题意识。这些元素的综合运用，最终是为了利用信息差来解决复杂难题。

能够输出深刻洞见的人，不见得创新能力有多强，或者眼光有多独到，但其信息汇总能力往往很出色。信息汇总，包括信息获取和信息整合两个核心环节。

我们先来看看信息获取。信息的价值很大程度上取决于其来源。来源越高级，信息的含金量通常也越高。例如，和胡同口大爷聊天得到的信息，与你花钱从彭博终端上获取的信息，其含金量是不能相提并论的。信息源主要可分为两类：一类是他人直接告诉你的，一类是你通过各类媒介获取的。无论信息来自何方，本质上都是你的"入场券"和"密码本"。

更重要的是，你要具备一套语言系统来准确理解这些信息。否则，即便有人把核心机密告诉你，你也可能无法理解其深意，更别提有效运用了。所以，很多人总觉得向上社交很重要，认为这是个人成长的必经之路。这么想就本末倒置了。所谓的向上社交，其本质更像是一种教育途径。比如，你通过努力考上了北大，和一群同样才华横溢的人成了同学，你们拥有相似的话语体系，能够相互交流、互相学习，共同进步，这就是一个受教育的过程。反之，如果你没有考上北大甚至差得很远，那即便强行把你"空投"进去，你也可能会因为听不懂其他同学所谈而感到格格不入。生活中类似的"空投"场景并不少见，读特别高深的书，与远高于自己水平的人交流，都是如此。你以为自己在获取信息，但实际上可能并没有真正理解。所以，不要妄想走捷径，以为认识了某些人就万事大吉。在向上社交之前、之中和之后，核心任务始终是学习如何获取、解读并使用信息。因此，与其说"向上社交"，不如称其为"向上学习"。

即便没能进入所谓的高圈层，也没有太大关系。现在的信息介质极为丰富，你可以读书，也可以在网上找公开课学习，这些都是不错的选择。教育，既可成为信息的封锁器，也能化身信息的传播器，关键在于你能不能找到破译信息的密码。通常情况下，当你想涉足一个新领域时，最简单的方法是找一本这个专业的入门教材来读，最好不要找那种速成书籍。因为，如果真有速成之法，那这本书恐怕不是那么容易买到。

与速成书籍不同，入门教材的核心功能在于帮助你了解这个领域必知的基本概念。掌握这些基本概念虽不能让你立即开始实践，但却能够为你下一步获取和解码信息提供基本的工具。不过掌握基本概念并非易事，试想，一个对金融一窍不通的人掌握基本金融概念的难度，与他学英语学到能和美国人日常沟通的水平难度基本上是相当的。众所周知，任何一门语言都不可能速成。我曾在网上看到一种观点：如果要进入一个新的领域，首先要把这个领域最重要的概念都搞清楚，之后便基本可以登堂入室。我觉得此言不虚。

再来说说信息整合的问题。无论是阅读材料，还是听高人对谈，关键都在于理解。我们上中学时都做过阅读理解和听力理解，在核对答案之外，更重要的是知道到底什么是"理解"。简言之，理解包含两个层面：一是理解他人的观点和论据，二是把握他人表达的逻辑结构。我们先说什么叫"理解他人的观点和论据"。一言以蔽之，就是你能够用自己的话，简洁且全面地将对方的观点和论据复述出来，并且不掺杂个人立场。

做到这一点有两大难点。其一是"用自己的话"。许多人在听或读的过程中，没有概括的习惯，听完读完，信息如流水般穿过大脑，没有留下丝毫的痕迹。如果不尝试用自己的话复述一遍，这些信息基本是记不住的。其二是"不掺杂个人立场"。很多人不等听完就急于反驳，或读了几行文字便大加演绎，情绪带着理性走，这对处理信息来说是大忌。如果实在忍不住想表达自己的立场，也要在脑子里分清楚，哪些是对方的完整观点，哪些是自己的评价。当然，这也与个人的心态有关。有些人并不是带着学习的心态来交流的，而纯粹是为了抬杠，这确实令人无奈；还有些人则可能是太敏感了，别人的话并未针对他们，但他们却对号入座了，从而感觉受到了伤害。

复述完并理解了内容之后，记得找时间把它写下来，或者如果有朋友在旁，你也可以口述分享给他们。要学会"现炒现卖"，以教代学。写一遍，讲一遍，这样理解得更深刻，记忆得也更牢固。

我的一个学习策略就是，每当看到好文章我就会分享到朋友圈和几个微信群里，并附上自己对文章核心观点的总结。我这么做并不是为了显摆自己，而是我把分享看作一种学习和整合信息的方式。我一个朋友的方法更厉害：他会给每篇好文章打上标签，分类保存在微信收藏夹里。和大家聊天时，谈到某个话题，他总是会说："我分享一篇文章给大家，讲的就是这个，写得特别好。"我等凡人都觉得他特别牛，能记住这么多东西，而且信手拈来，凡是金句皆有出处，凡是洞见必有可查。后来我意识到，他越是分享，记得就越牢。这一方面是因为他不断调动自己的记忆，另一方面是这种众人拜服的场景给他带来了成就感。

整合信息的速度上也有窍门，要学会应用归纳法。所谓归纳法，就是看那些牛人或优秀的文章共同强调或重复的内容是什么。大家反复提及的东西，大概率是重要的。重复即重要，这正是归纳法的精髓所在，它能够帮助我们高效地压缩信息，提炼出共性，获得深刻的洞见。比如，在得到 App 上，很多老师不约而同地提到了《系统之美》这本书，那就说明这本书值得一读。再比如，直播间的达人都在讨论直播带货，那我们也应该去体验一下，了解一下趋势。现在各大短视频平台都在使用相似的推荐机制，这实际上为我们提供了极大的便利。尽管有些人称其为"信息茧房"，但我认为，只要你的脑子没有被茧房固化，这个推荐机制就可以成为归纳法的一个很好的应用场景。

整合信息还需要具备顺藤摸瓜的技术。当我们和别人聊天或阅读文章时遇到不熟悉的概念，要默默记下来，或者立即拿出手机搜索一下。我不太建议直接打断别人来询问，因为这会干扰他们的输出流畅性，除非这个概念被反复提及。搜索能力非常重要，我下一节会专门来探讨这个话题。搜索完成后，我们可以再次回到前面的步骤，进行新一轮的整合和归纳。总之，我们获取信息和整合信息的效率，直接决定了我们下一步能否获取更加稀缺和有价值的信息。这就像玩剧本杀一样，如果你没有破解前面的一个谜题，就没有办法把故事推进下去。

至此，信息的整合只差最后一步：思考这些信息与你现在所做的事情有什么关系。前文已探讨过从理论到实操的法门，这里恰好可以一试。你需要做的是把整合后的信息运用到日常工作中，以获得实际成果和正向反馈，从而激发你进一步整合信息的动力。同时，当你不断运用整合后的信息去解决实际问题，你的问题意识也会越来越强，这也会提升你搜索和整合信息的效率。

最后，谈谈什么是信息。比如，我听到天气预报说明天要下雨，这对我来说算信息吗？其实未必，在信息学视角下，这可能是噪声。因为如果我当天不打算出门，也没有衣服晾在外面，那么下不下雨与我就毫无关系，此时的天气预报对我来说就是噪声。反之，如果我明天要出门，而且还带着重要的文件，那么下雨的信息就变得非常重要，我可能会因此考虑带伞、打车，或预留更多的时间、把重要的文件放在防水包的内侧等。这个例子也再次印证了我前面的观点：如果你没有某个圈层的"入场券"，没有破译信息的"密码本"，或者没有参与某项具体事务，那即便是一条非常重要的信息，对你来说也可能只是噪声。

所以，信息汇总能力有助于你利用信息差去解决复杂问题。但到底是先有信息，还是先有问题呢？这个问题的答案或许也没那么重要。那些先发现问题，并愿意勤学苦练来解决问题的人，天然就掌握了信息差。

善用搜索能力，训练大脑

做好搜索需掌握三个步骤：

首先，把问题定义清楚；

其次，给自己预留一个相对完整的时间段，把搜索当成研究；

最后，基于初次搜索的答案再次进行搜索。

搜索能力是现代社会一项不可或缺的基本技能，不擅长使用互联网软件进行搜索的人，在信息占有量上将面临数量级的劣势。相反，如果一个人善于搜索，并且能得到人工智能如当下爆火的 ChatGPT 的辅助，那么他的脑子几乎就相当于装进了整个互联网的信息。正如荀子所言："君子性非异也，善假于物也。"这句话在当今尤为贴切。

要做好搜索，需掌握以下三个关键步骤。

首先，把问题定义清楚。你可以采用系列问题定义法，即针对想搜索的话题，提出 3~5 个相关问题，而不是只提一个问题。例如，如果你想了解互联网运营到底需要什么能力，可以围绕这个话题提出以下问题：第一，互联网运营是什么？第二，为什么需要互联网运营？第三，如何进行互联网运营？第四，谁是互联网运营的高手？

第五，有哪些值得推荐的互联网运营书籍？

不必过分纠结问题质量，我们要的是"以量取胜"。因为搜索就像乱枪打鸟，一开始不需要那么精准。一个问题一般能从搜索引擎上获得 100 个以上的链接，5 个问题就是 500 多个链接，这个数量足以覆盖你所要搜索话题的相关答案。

其次，给自己预留一个相对完整的时间段，把搜索当成研究。面对这么多链接，我的建议是挨个点开来看，或至少浏览 30 个，看看哪些内容值得深度阅读。一开始不要求快，因为这不是在训练搜索引擎，而是在锻炼你的大脑，急不得。

经过一段时间的练习，比如大约一周后，你就可以开始培养从话题中提取关键词的能力。一般而言，比较实用的关键词可分为以下几类。

第一类是"话题名词 1+ 话题名词 2"的组合，即使用两个名词来限定搜索范围。仍以"互联网运营"为例，你可以将关键词设置为"互联网运营效率""互联网运营书籍""互联网运营高手""互联网运营步骤"等。

第二类是采用"形容词最高级"的形式，因为很多文章的标题中会包含"最"这个字。例如，"互联网运营最关键的步骤""互联网运营最重要的书籍""互联网运营最有名的人"等。

第三类是在话题词后面加上人名，这就要求你平时对某一领域的专家或达人有所了解。例如，"互联网运营黄有璨"或"产品经理梁宁"等。

你会发现，对于某个领域的搜索，你知道的专业名词越多，搜索的结果就越准确；相反，若你了解的专业名词较少，可能搜到的都是相对基础的信息。这与上一节讨论的信息整合是相辅相成的。通过不断地积累和汇总信息，你的搜索能力也会越来越强。

最后，基于初次搜索的答案再次进行搜索。如上文所说，新信息往往以新概念的形式出现，掌握这些新概念，也就意味着掌握了新的知识。因此，每次搜索都不应只输入一次问题，而应在问题获得初步解答后，从刚阅读的材料中发现自己不懂或者感兴趣的概念与内容，进行进一步搜索。这实际上也是现在市面上的 AI 培训课程的核心内容，即如何不断地训练 AI 系统，使其能够给出切实解决我们问题的答案。

讲完方法之后，再来看看搜索入口。以前有句话叫"遇事不决问百度"，百度确实是一个相当不错的搜索入口，但好的搜索入口并非只有百度一家。从互联网生态的角度看，哪个应用拥有较高的活跃度、较长的用户停留时长，哪个应用就具备天然的搜索优势。所以，现在除了百度，微信、抖音、小红书、知乎、得到、微信读书、哔哩哔哩（以下简称"B 站"）等都是理想的搜索入口。

微信的优势在于，它整合了大量的公众号文章和视频号的短视频内容，并且相对来说广告推送较少，原创内容较多。此外，文章还展示了阅读量，便于用户评估内容的受欢迎程度。收藏这些文章也很方便，可以打上标签分类保存，方便随时转发分享。用户觉得哪个公众号写得不错，还可以关注以便长期阅读。公众号文章现在还新增了划线功能，大大提高了用户的阅读效率。

抖音、小红书和 B 站都属于视频类平台，但侧重各有不同。抖音内容更加泛化，无所不包；小红书以生活、读书经验分享为主，图文笔记丰富；B 站以中长视频为主，公开课资源非常丰富，适用于想要系统学习某类知识或寻找免费资源的用户。现在，视频号、抖音、小红书、B 站都在挖掘优质作者。另外，大家千万不要忽视视频搜索的价值。我讲一个全球的数据，世界上最大的搜索引擎是谷歌，但第二大既不是微软的 Bing，也不是百度，而是视频网站 Youtube。Youtube 上有海量的信息，视频传递信息的效率比文字高多了，而且还更加形象生动。

知乎是一个相对垂直的信息搜索入口。的确，一些"大神"写的东西能让人快速学到某些领域的知识，只是现在知乎的广告推广越来越多，算法效率也不尽如人意，很多人开始分享奇闻轶事，偏离了分享知识的轨道。类似地，很多垂直领域的 App 也可以用作搜索入口，如探讨股票市场的雪球。

相比知乎，得到的垂直知识搜索效率更高，有课程、听书、电子书等多种资源。虽然得到没有推荐算法，但架不住它把很多资料都电子化了，而且很多关键词可以直接与老师的课程相关联。得到的老师讲的内容都是通识和基础性的，能很好地让你了解关于某领域的框架性知识。

我的使用感受是，微信读书相当于得到的简配版，主要提供电子书资源，可以和豆瓣等读书类 App 配合使用。算法会给你推荐类似的书籍，以及一些读者自创的书单，你可以将一类书籍直接打包收藏，慢慢看。

最后说说 AI，我觉得大家不必因为暂时不会用就认为自己落伍了。AI 的进化与迭代一定是朝着普世通用的方向前进的，也就是说，未来即使是完全不懂技术的人也照样可以使用。我还记得我小时候的电脑运行的是 DOS（磁盘操作系统），人们还得学习各种指令才能打开相应的程序。但是对现在的电脑，只要会用键盘和鼠标就够了。

在我写这篇文章的时候，ChatGPT 的对话功能已经开发出来了，我看了使用视频，发现它的对话非常自然流畅，基本上和与人对话没什么区别。我相信，未来 ChatGPT 解决基础概念问题、框架问题、文稿策划问题，甚至是作为语言陪练，都只是时间问题，而且普通人使用起来也会毫无压力。所以，我们只需等待这个巨变时代的降临，然后顺其自然地融入其中就好。

另外，我想说，如果在读书、信息汇总、提高搜索能力的基础上，能再把英语学好，那么以上能力将以指数级的效果放大。因为互联网上 80% 的信息都是以英语为载体的，如果你只会中文，那你可能很难看到更大的世界。所以，不要被一些人的言论误导，认为英语不重要；也不要盲目跟从一些教英语的人，只学习口语发音。首先要提升的应是英语阅读能力！

下一节，我将谈谈如何在互联网时代充分利用数字世界的价值。

人在职场，总要有个身份

数字世界里，主要的身份有四种：

知识搜寻者、网络消费者、意见表达者、社交联结者。

人在职场，总要有个身份。知道自己是干吗的，才不白"混"。在数字世界里，主要的身份有四种：知识搜寻者、网络消费者、意见表达者、社交联结者。我们基本上都是这四种身份的综合体，但各有侧重，这也使得我们的网络价值变得不一样。

第一种是知识搜寻者。如前文所述，这类人群是信息搜索和信息汇总的主力军。互联网的接入让他们的思维变得没有边界。古时候，读书人要想考取功名，大概要背几十万字的四书五经，而现在，你只需要掌握一定的知识框架和关键概念，利用搜索工具就能远远超越他们。因此，上网时不要总是看算法推送的内容，或者只看搞笑段子、美食探店等。这些看了只能爽一时，当然一直看也能一直爽，但是得不到什么收获。

第二种是网络消费者，之前提到的看推送内容的人大多属于此类。不要以为只有花钱才是消费，花时间同样是消费。有一次，我和字节跳动的团队开会，发现一件非常有意思的事情：他们内部是把"用户停留时长"看作消费数据的。我觉得他们的洞察力很厉害，看上去这些人消费的是时间，但时间背后是注意力，注意力背后就是需求，所以他们可以按照消费者的需求和偏好向他们推送广告和电商直播间，从而收取商家费用。直接花钱的消费者又可分为两类：一类是购买实体产品的，如在网上下单购买吹风机；另一类是购买无形服务的，如买游戏的点卡、打赏主播。当然，这个界限也不是绝对的，比如你在美团上点外卖，菜品是产品，配送则是服务。同时，第二种身份和第一种身份也有交集，比如在网上买书买课的，既是知识搜寻者，也是网络消费者。

还可以从另一个重要的角度来看待网络消费者，就是他们花钱到底是为了"买"时间还是"杀"时间。比如，点外卖就是买时间，你通过付费省去了自己做菜和洗碗的麻烦，省下来的时间可以去做别的事情；而买游戏点卡、打赏主播就是杀时间，因为你无聊，需要找乐子来打发时间。当然，有些行为既有可能是买时间，也可能是杀时间。比如，在淘宝上购物，如果你直奔购买链接，下单坐等快递员上门送货，这显然是买时间；但如果你只是无聊地逛淘宝，那就是在杀时间。

总体来说，作为理性的消费者，我们要学会在网上买时间。但消费者并不总是理性的，甚至大部分时候是非理性的，而商家为了迎合消费者的需求，提供了很多杀时间的产品和服务，并且这些产品和服务还往往很受欢迎。我们要意识到这一点，并主动减少此类消费行为。

第三种是意见表达者。意见表达也有高下之分，高明的意见表达者叫知识生产者，可以著书立传、提供战略咨询和内容创意。实际上，很多主播就是意见表达者，他们通过表达意见来吸引粉丝，然后通过粉丝经济来进行变现。而普通的意见表达者，如各类评论区的留言者，他们的发言千奇百怪，不一而足，但有一个共同点是，他们的意见很少能受到关注，即便偶尔被关注，也很难产生变现效用，因为从留言的行为来看，他们既可能是意见表达者，也可能是网络消费者，仅仅是在杀时间而已。所以，很容易得出结论：尽量去做一个高明的意见表达者，展现自己能给别人带来的价值，而不是一味地在评论区里"指点江山"，与人争辩。

第四种是社交联结者。他们热衷于在网络上参加社群活动，这些社群可能是熟人间的，也可能是陌生人间的。一个社群的形成必然基于某种目标或共识，比如某城市的相亲群或社区团购群。社交联结者是社交媒体的天然组成部分，也是流量的重要汇聚地。很多人将这部分流量称为"私域"，以区别于平台的"公域"。很多意见表达者同时也是社交联结者，他们聚集了一批粉丝，自然也就可以探索相应的商业模式。当然，如果你已经身处某个社群之中，不妨尝试成为意见表达者，通过创造价值，打造自己的私域流量。

探讨这四种身份有什么用呢？我觉得至少有两方面的价值。

首先，当你打开一个 App 的时候，问问自己："我现在主要是什么身份？"比如在抖音上，你是去学习知识的（知识搜寻者），还是去打发时间的（网络消费者）？打开小红书时，你是去看别人的"种草"经验的（知识搜寻者），还是去分享自己的购物体验的

（意见表达者）？如果你加入了一个相亲社群，那你是去相亲的（网络消费者），还是去研究现在的相亲模式的（知识搜寻者）的，或是想从别人的相亲社群里吸引流量，教单身男女如何社交的（社交联结者）？

当你根据目的明确了自己的身份，你就能避免花冤枉钱，避免浪费时间，避免无谓的争吵和无效的社交，总之，不会成为那个"大冤种"。

其次，明确自己的身份之后，你可以想想怎么利用身份的切换去"搞点事情"。比如，你在网上报了一门课（知识搜寻者＋网络消费者），并且加入了这门课的社群，老师让大家做自我介绍。此时，你就可以切换身份，讲讲自己能为大家提供什么价值（意见表达者），同时热心地帮助各位同学。很多同学因此加了你的微信，你便趁机推荐了一款书架，号召大家一起团购（社交联结者）。大家都夸你买东西有眼光，于是你便分享了自己的购物心得（意见表达者），并表示以后有好东西，继续带大家团购（社交联结者）。为了把团购做好，你好好地研究了一下社群团长应该如何行事（知识搜寻者），实践后发现效果确实不错。随后，你在小红书上分享了自己读书和做社群团长的经验（意见表达者），从而获得了更多的粉丝，这意外地成了你的一个副业，为你带来了每月的零花钱。你自得其乐。

其中的关键在于，不断地切换身份。如果你不知道怎么构建商业模型，不妨试着切换身份来思考。不会你就去学（知识搜寻者），有好东西你就去买（网络消费者），有经验你就去分享（意见表达者），然后召集粉丝一起去"搞事情"（社交联结者）。

总之，在职场中，身份不是用来吹嘘的，是用来为自己谋福利的。

独立思考，不争终极对错

独立思考是什么？

首先，独立思考不是不从众，而是只唯实；

其次，独立思考是一种包容性思维，而不是一种封闭性思维；

再次，独立思考的落脚点是行动和实践；

最后，独立思考需要有承认自己错了的勇气。

前面几节的内容有助于大家构建一个解决问题的系统，从读书学习到发现问题、定义问题，再到汇总信息、搜索知识，最后是身份效应的运用。这一节，我打算将这一系列话题收个尾，落脚点放在"独立思考"这四个字上。

"独立思考"这四个字，说重要，的确很重要，因为它是很多世界顶尖大学培养学生的终极目标。那么，我们该如何正确理解并把握"独立思考"的真谛呢？

首先，独立思考不是不从众，而是只唯实。如果大家都说雪是白的，你却跳出来说"不一定吧"，这不叫独立思考，而是缺少常识，且情商颇低。很多人觉得独立思考就是带着怀疑精神去怀疑一切，但实际上，关键在于你为什么要怀疑，以及你怀疑之后会做什么。

例如，你可以说"雪不一定是白的"，然后去探寻雪的形成原理、分子结构，思考白色的定义，以及可以用什么科学方法去检测雪究竟是不是白的，如果不是，那么离白色差多少，这个差值又是由什么造成的。如果你有这样的思考过程，那才算是真正的独立思考。

谈到唯实，那就要去现场，要不断追问，要通过信息收集与整合来归纳总结，探寻背后的原因。比如，大家都说电商直播带货是现在的风口，那我就进几个直播间观察观察，看看主播们是怎么卖货的，每个产品的销量是多少，再参考一下行业数据，寻找用户对这个产品的评价。我会思考：在一个产品爆火的过程中，到底是货品本身重要，还是主播的影响力重要。直播间的数据有没有经过投流优化？主播留人的话术是什么？哪家机构的主播培训做得最好，我能不能去看看，找从业者聊聊？公众号上有没有相关文章解读这一现象？我能从中获得什么洞察？这些洞察是引导我投身直播行业，还是能够帮助我将背后底层的运行逻辑迁移到我现在的工作中？这才叫唯实，这也才叫独立思考。"杠精"和独立思考者的区别就在于，前者只会嘴硬，后者是真去调研。

其次，独立思考是一种包容性思维，而不是一种封闭性思维。包容性思维意味着一切皆有可能，只是可能性的大小不同。这种思维方式有助于我们不去钻牛角尖，因为钻牛角尖本质上是时间管理能力弱的表现。为什么这么说？举个例子，如果有人说直播间销售额高一定是因为主播颜值高，这听上去非常武断，你的第一反应可能是感到反感，甚至直接反驳。这是不是独立思考呢？我觉得只能算是部分独立思考，并没有抓住独立思考的精髓。真正的精髓在于听话者的解读，而不在于说话者说的内容。如果听话者能这么理解：
"这个人的意思是颜值可能是影响直播间销售额的一个因素"，那他就是一个真正的高手。我们无须和他人争论对错，关键是如何把他人的话，转换成一种相对客观的陈述，并由此引发自己的思考，指导下一步的学习。在独立思考过程中，判断，尤其是以个人好恶为基础的判断，是不客观的。独立思考强调的是探寻，而探寻则意味着需要保持开放和包容。

在认知领域有一个著名的"达克效应"，大致描述的是：当一个人对某一领域有了初步的了解之后，往往会陷入一种无知的自信，其中一个典型表现就是思维变得封闭。有一种观点认为，这些人之所以要用尽各种方法来捍卫自己的观点，是因为他们只看到并且只愿意看到自己为达到现在的认知高度所付出的努力，而不愿意去看认知范围以外的充满未知和不确定性的世界。毕竟，未知和不确定性通常被解读为威胁和风险。而真正具备独立思考精神的人，会把未知和不确定性看成获取新知的起点。对他们来说，过往的成就不值一提，从未有过的体验才是未来的真正追求。

再次，独立思考的落脚点是行动和实践。实践是检验真理的唯一标准，这句话说得真好。任何不付诸行动的独立思考都是空想，而任何未经独立思考的行动则都是盲从。因此，在工作中，大家与其对一个问题争论不休，不如一起想想，如何用一种简单、迅速且低成本的方式去试一试。前面介绍的 MVP 工具永远是解决争议、推动实践的一个有力武器。

独立思考不是为了争一个终极的对错，因为这样的对错对我们没有意义。凯恩斯曾说："从长期来看，我们都是会死的。"与其执着于争论终极的对错，不如先从脚下和眼前开始行动。人生就像一场无限游戏，与其坐而论道，不如躬身入局。失败是必然的，也是暂时的；成功是偶然的，也是有局限的。而独立思考的真谛，恰恰在于能够正视失败的必然和成功的偶然。我们可以讨论第三天晚上吃什么，但首先得填饱眼前的肚子。

最后，独立思考需要有承认自己错了的勇气。好面子是独立思考的天敌。如果别人好面子，那你就给他；如果你自己好面子，那你最好学会放下。面子是一种极其虚无的东西，谁爱要就给谁。你要把别人对你的批判，视为对你观点的检验，而非人格的审判。观点一旦说出口，就有了自己的生命。它的存亡，自有其命运决定，是死是活，和你的关系都不大，你不要入戏太深。有了错就认，认了就要改；莫贪天功为己有，也无须誓死捍卫自己的思想。关键在于，你的观点能否为人类的认知做出贡献。这句话说得有点大，但我想你大约能明白我的意思。

职场真相

如何判断一个人在职场上能否成功？

想要快速、成功地拿到结果，就要看一个人的行动力有多强。消极的人谈感受，积极的人直接行动。

人们在想要做成一件事时，行动力通常可以划分为三个等级。

一、三流水平的行动力

这类人常常谈论个人的主观感受（开心、不开心等），情绪和行为容易受外部因素（如领导、公司）的影响。

二、二流水平的行动力

这类人谈论事实，较少带有情绪，能够看到问题，但往往因为未看到机会而未能及时采取行动。

三、一流水平的行动力

这类人能够看清事实，且管理和消化情绪，更重要的是，他们能看到并抓住机会，通过行动将不确定性转化为确定性。

职场核心竞争力，究竟是什么？

一、知道别人不知道的

通过跨界学习、轮岗、与客户亲密接触等方式，获取他人未掌握的知识和信息，以增强自己的职场竞争力。

二、总结别人不会总结的

对日常工作中的经验、教训、数据等进行记录、分类和总结，提炼成知识，形成自己的工作手册或方法论，这是提升个人能力和职场价值的重要途径。

三、干别人不愿意干的

主动承担那些他人不愿意做的工作，如提前到岗、打扫卫生、加班、写周报、进行陌生客户拜访等，这些行为能够展现个人的责任感和积极性，有助于在职场中脱颖而出。

用师者王，
　　用友者霸，
　　　　用徒者亡

02

看透关系：

打好社交这张牌

用师为王的五条心法

下面五条心法，有助于你寻得高人指路：

第一，挑选导师时，要学会多看优点，少看缺点；

第二，挑选导师时，切记不要将导师的形象理想化；

第三，在职场中，向导师学习的最佳路径是贴身观察，这在领导力培训中被称为"影子学习"；

第四，拜师不要只拜一个；

第五，一些时候，非正式的师父比正式的师父更有帮助。

以前听过这样一个说法："30岁之前跟对人，30岁之后做对事。"对此，我深以为然。

30岁之前的职业生涯，核心任务是从大学毕业生转变成一个具有一定专业性和管理能力的职场人。这个过程是非常痛苦的，没有固定的路径可循。因为大学所学的专业与实际从事的工作往往很难完全对口，同时还要应对更加复杂的人际关系。如果在这个过程中能够有一位或多位导师指引，无疑能少摔几跤，少走些弯路，为30岁之后做对事打下坚实的基础。

那么，导师该如何选？贵人该如何遇？以下是我的一些见解。

第一，挑选导师时，要学会多看优点，少看缺点。这个视角既是应试教育所缺乏的，也是学生思维向职场思维转变的一个关键。应试教育强调标准答案，满分试卷，答错就扣分，这暗示着缺点是焦点，缺点多的人一无是处。殊不知在职场中，分工和协同才是现代商业的底层逻辑。你不需要面面俱到，相反，你必须拥有足够长的长板，才能和他人有效协同，实现更高的效率。这有点像学校里的闭卷考试变成了小组作业，大家各司其职，协调分工。当你遇到不会解的题目时，可以坦然地向他人求助；同样，当别人需要你的帮助时，你也应伸出援手。

《论语》有云："三人行，则必有我师焉；择其善者而从之，其不善者而改之。"这句话我们小学就背过，但实际行动却往往与之相悖。我揣测，其中缘由或许在于，课堂上老师以此句教导我们要谦虚谨慎，但实际操作中，我们仍习惯以"人"为单位去审视他人：如果某人有优点，便视其为值得学习的榜样；若见他有缺点，则认为他不值得我们学习。对此，我们要反躬自省。因为每个人都有优缺点，若仅以他人的缺点便将其全盘否定，则将无人可学。因此，不能以人为单位去评判他人，而是要一分为二地看待他，学习其优点，同时以其缺点为镜，反省自我。如此，才能真正做到"三人行，必有我师"。

在直播间连线答疑时，我经常听到有人抱怨领导这也不好，那也不行。听完之后，我通常会甩出一连串问题："然后呢？这对你自己的成长有什么帮助？"针砭时弊没什么技术含量，长叹口气，抱怨一番就行了。关键在于，你从中吸取了什么？你改变了什么？你又能改变什么？有句民谚说得好："少叹气，财神到。"别总是盯着别人的缺点看，这样你自己也好过一些，导师也好找一些。

第二，挑选导师时，切记不要将导师的形象理想化。这也是学生思维的后遗症，总觉得导师要能说，要有人格魅力。但企业不是学校，能教你的人，未必是真擅长教学的人。会做事且值得你跟随的人，未必在表达上过硬。如果只是因为对方能说漂亮话，能给你一些你闻所未闻的认知，你就心悦诚服，很有可能会走上歧路，最后也成为和他一样的人。找导师，我们要听其言，更要观其行，要找那些拿到结果的人。拿到结果的人，英语里有个表达特别贴切，叫"a person of tried ability"，指的是他的能力是经过验证的，而不是说说而已。这其实也引出了一个跟导师学习的方法。

第三，在职场中，向导师学习的最佳路径是贴身观察，这在领导力培训中被称为"影子学习"。假如你是一名销售，最佳的学习方式并不是去看什么销售书籍，也不是去上销售大师的培训班，而是紧跟在公司最厉害的销售身边。他边做，你边学。很多学习场景甚至是不需要语言交流的，你要一遍遍地"浸泡"在现场，看导师具体是怎么操作的，而不是仅仅听他讲怎么操作。这是因为很多重要的知识是"隐性知识"而非"显性知识"，只能通过身教，无法通过言传。如果你不在这个场景里一遍遍地看，一次次地体验，根本抓不住其中的精髓。

我有一次在 B 站看鲁菜大师陈宗明教网友做菜。讲到放盐的剂量时，他说："盐啊，不能放多，也不能放少，要把握好这个量。"讲到火候时，他说："油温啊，不能太高，也不能太低。太高容易糊，太低炸不脆。"陈老教得好不好？这个问题，我们作为观众是没有发言权的，真正能评价他的教学水平的，只有他的徒弟。他们在一旁反复观察，一遍又一遍去看、去听、去闻、去实操，并结合陈老的点评，才能逐渐掌握陈老传授的精髓，假以时日，方可出师。如果非要说盐多少克，油温多少度，用天平和测温枪去做菜，那最多只能保证食物能吃，却谈不上美味。旧时说的"偷师"，主要指的也是在边上观察学习，而不是偷听老师是怎么教的。职场中的学习是实践活动，不是理论活动。

第四，拜师不要只拜一个。张无忌的师父就不止张三丰一个，还有谢逊，甚至连明教的碑文也没少教他本领。同样，令狐冲除了岳不群这个正式师父，还从风清扬那里得到了真传。别以为这只是武侠小说中的情节，职场中更是这样。教你本领的人可能是你的领导、同事，也可能是某个同行，甚至是某本书的作者。古语中的"私淑"一词，便是对这种非正式师徒关系的贴切描述。师父越多，你学习的路径就越广，就越能形成自己的体系与风格。虽不敢说开宗立派，但至少能融会贯通，自成一家。

第五，一些时候，非正式的师父比正式的师父更有帮助。对于正式的拜师，双方的期待值都会被拉高。而期待值这个东西，宁低勿高，这样才会有惊喜，才会有松弛感，不至于双方之间"绷着"。回想十多年前我在长江商学院读 MBA 时，学校邀请了 EMBA 班的很多大公司总裁、创始人来给我们当商业导师。当时还举行了像模像样的拜师仪式，敬了茶，约定了每月一次的见面活动。开始两三次见面还好，大家带着问题去参访企业、和导师交流。但后来，由于时间很难协调一致，并且每次的话题内容都不够具体，导致交流变得空泛，很难深入，很快大家就意兴阑珊，最后不了了之。

相反，非正式的导师关系不受年龄限制，正所谓"闻道有先后，术业有专攻"，无论对方年纪大小，都可以向他请教，交流时间也可长可短。形式上更是多样，见面也行，吃饭也行，喝咖啡也行，甚至聊微信都可以。在这种关系中，既可以就具体问题深入探讨，也可以聊聊人生感悟，畅谈宏大叙事。这种关系亦师亦友，因为没有正式的拜师仪式，所以即便日后渐行渐远，也不必担心离散的尴尬。我们更应该关注的是实质的学习和交流，而非形式。当然，我并非反对正式的师徒模式，选择适合自己的方式才是最重要的。

总之，这五条心法，能够帮你寻得高人指路。曾子有言："用师者王，用友者霸，用徒者亡。"在人生的关键节点，如果有高人愿意指路，有导师愿意将你扶上马送一程，那即便我们不去称王称霸，至少也能避免陷入困境。

贵人[1]就在你身边，不必远求

上班就是在和贵人打交道，你的日常工作就是在创造价值。

上一节探讨了挑选导师的标准，我洋洋洒洒写了很多。写完后我发给几个朋友看，大家一致认为写得不错，但他们也提出了一个问题："导师在哪儿呢？"的确，只知道挑选导师的标准，却找不到导师，这就好比学了一身武艺，却找不到可以切磋的对手。故而，接下来我们就聊聊怎么找到贵人。

市面上讲向上社交的书籍不少，其中不乏一些旁门左道，但大家普遍认同一个观点：要让自己变得有价值，这样贵人才愿意提携你。当然还有更进一步的观点，说要给贵人提供情绪价值云云。各花入各眼，我虽觉得大可不必，但也不得不佩服那些能做到这一点的人。

我想告诉大家的是，贵人其实就在你身边，不必远求。按道理来说，你的领导，或者你领导的领导（在大厂里叫"领导+1"），往往就是离你最近的贵人。因为你们之间本来就有价值交换的诉求：他希望你把工作干好，而你需要他的支持才能把工作干好；他需要

---

[1] 本书说的贵人泛指帮助自己在各方面成长提升的人。

你来帮助他节省时间，而你也需要通过完成他分配的工作来实现职业价值。你们之间本就是一种天然的共生关系。

所以我常说，现在有些职场博主着实误导了大家。领导和员工本就是一根绳上的蚂蚱，目标是一致的，需要同舟共济，相互补台。不要过分强调什么"向上管理的秘诀"，也不必总宣扬什么驭人之术。大家都真诚点、简单点，这个班很容易上明白的。

从这一视角可这样理解，上班就是在和贵人打交道，你日常的工作就是在创造价值。当然，如果你觉得你的领导完全不可理喻，也没有什么修补关系的必要，那就准备换工作，争取下一份工作的领导是你的贵人，或者你可以尝试以看待贵人的眼光看待你的新领导。

假设你认可领导是贵人，再看向上管理，你就会有完全不一样的认识。

让贵人帮忙的第一个原则：你要贵人帮你什么忙，事先你自己要想清楚，而且能说明白。很多人上个班真的没有弄清楚公司需要自己干什么，也没有弄清楚自己要干什么，每天就是早上打卡，按部就班做完工作，加班，收摊。试想一个场景，我给你介绍了一个巨牛的贵人，贵人还非常礼贤下士地问："请问我能为你做什么？"

你咋回答？

如果你都不知道要让别人帮什么忙，我把"财神爷"请到你面前，你也连要求都说不明白。当然，你可能会说："我要钱，我要暴富，你来帮我！"

这的确比啥也不知道要强很多了，但是从之前讲的目标管理的角度来看，你的这个需求离 SMART 原则的标准还差得很远。你应该明确地讲出来，你要多少钱，并且问他能不能给你这么多钱，多久能给你，然后告诉他你拿了钱打算做些什么。这样，你的需求就非常明确了，别人也才好出手帮你。

让贵人帮忙的第二个原则：贵人只负责帮忙，具体把这个事做成的还是你自己。前文讲过"课题分离"的概念，求人帮忙最忌讳你把自己的事完全交给别人。好比你要炒菜做饭，家里没有锅，你去邻居家借，但是借回来还是要自己做。接着上一条原则说，你想要致富，没问题，但是你要知道，贵人可以给你指路，可以给你机会，可以给你资源，挣钱这件事到底还是你自己的，不是贵人的。

让贵人帮忙的第三个原则：每次只提出一个请求。童话故事里的精灵也最多给你三个愿望，那还是在童话故事里。现实生活中，只提出一个请求，会体现出你有情商，体现出你对人际关系的看法是长期主义的，贵人就有可能下次还帮你。比如你想增加收入，贵人给你指了一个方向说你可以做这个事。你接着问："然后呢？"贵人说："你可以从这个步骤入手。"然后你接着问："然后呢？"贵人接着说："你可以再做这个。"如果此时你继续追问："那万一不行呢？"贵人可能嘴上说："嗯，这个我的确没考虑到，我想想，下次找时间我们详细聊聊。"但内心多少会有些不悦。

毕竟他只是个帮忙的。路指完，你要麻溜地去实践，然后带着实践结果再来请教，而不是坐而论道搞假设。做都没做，哪儿有什么"万一不行"。走一步看一步，不管有多少愿望希望贵人帮你实现，你都一次只求一个，这样才会有下次。而且如果每次你都能根据建议去实践，下次求教的时候，贵人会更愿意帮你，给你更多的资源。这在《影响力》这本书里叫作"一致性原理"：人们会对自己投入过精力的事情进一步地投入精力。事情是你自己做出来的，成绩也是你自己的，能力也是自己的；你的能力越来越强，和贵人未来可能就能平起平坐，到那时，你们再坐而论道也不晚。

让贵人帮忙的第四个原则：别说"但是"，不倒情绪垃圾。这也是课题分离的思路，这个事最终你要去试出个所以然，而不是你和他在这里辩论出个所以然。他给出的建议，给你协调的资源，你用还是不用，用了是什么结果，都是你要自己拿主意的，但是拿主意不必当场拿，你可以回去之后再琢磨。

寻求帮助只是一个信息收集的过程，而不是做决策的阶段。这两个阶段一个需要发散思维，另一个强调收敛思维，一定要分开，效率才高。发散思维强调鼓励，收敛思维强调批判。想让贵人帮你提供更多思路，那就多鼓励，别一口一个"但是"，而是要一口一个"说得对""说得好""我怎么没想到"。如果想让贵人帮你在很多选项中做出选择，那也是人家来批判你，你别一口一个"但是"地负隅顽抗。

做到这四点，贵人运不会差。

有人可能会有疑问，贵人给了我帮助，我怎么感谢他？我的回答是："最好的感谢是你的成绩与成长"。你每次得到了建议，回去实践，取得了成果去汇报，这就是最好的感谢，这就是最大的情绪价值。这个情绪价值叫作"感觉被需要"。要是未来有一天你真的成事了，贵人一定会拿你当年的事情来吹牛，那种满足感溢于言表。

有点类似你初中的班主任，虽然当年对你非常严厉，但是现在会和他的学生说你当年多牛，以及他多么英明神武地给了你建议。学会报喜，不仅省钱、省心、省力，而且是对贵人最好的回报。当然在此基础之上，你要是还有其他的感谢方式，也不是不可以。

回到向上管理的问题上，这四条原则完全适用，领导是你能找到的最近的贵人，天天在你眼前晃悠的贵人你都没用好，真遇到更厉害的贵人，你也使不出降龙十八掌。而这四条原则，你再回到前面去复习一下，看看它们的底层逻辑是不是一样的：你对贵人最大的价值是节省他的时间。

换位思考，做别人的贵人

换位思考的本质是将对立关系转化为一致关系。

前文讲了如何寻找贵人，以及如何与贵人高效社交。本节将介绍一个新的思路：如果你想知道如何找到贵人，以及如何与贵人交往，不妨先尝试成为别人的贵人。看到这里，有人可能会说："这不就是换位思考吗？"没错，这就是换位思考。接下来，我们一起来探讨一下换位思考的高级形式是什么样的。

换位思考的本质是将对立关系转化为一致关系。其核心价值可用八个字来概括："人同此心，心同此理。"这句话告诉我们，人们在很大程度上是相似的，如果你想了解别人的想法，就不要从对立的角度去看问题，而应站在一致的角度去理解他人。

在中国传统文化中，"理"主要指的是天理，天理人人相通，普遍适用，讲究的是大公无私；而与天理相对的是"人欲"，人欲不完全是坏事，因为吃喝玩乐都是人的本能需求，本能也是天理的一部分。然而，人欲的问题在于一个"私"字，即那些拿不到台面上说的事情。你占了别人的东西，别人会不满；同样，别人占了你的东西，你也会生气。

这便是人欲干不过天理的地方。而我们作为普通人，虽具备天理赋予的潜质，但时常还是会为私欲所蒙蔽。为私欲所蒙蔽，做事就不痛快，心情就不美丽。换句话说就是，一旦你有了私心，就很难理解别人。若你想理解他人的想法，就要先放下自己的私心。

因此，换位思考要先撇开自己的利益考量。为了论证什么是正义，罗尔斯在其著作《正义论》中设计了一个叫作"无知之幕"的思想实验。他假设，在制定某项政策之前，所有参与者都会被"无知之幕"笼罩，他们原本的身份、地位和性别都会被覆盖。政策制定完成后，他们才会被随机赋予新的身份、地位和性别。这样，当所有人都置身于无知之幕下，自然而然会去思考：万一我成为所谓的弱势群体，我该当如何？

很有意思的是，"正义"这个词，在中国传统文化的语境里，经常和儒家的"义"相联系，而"义"又和前文所述的"天理"有着密切的关系。所以，天理也好，正义也罢，其本质都为：当我们不考虑个人利益、不忽视他人利益时，自己的利益才有可能最大化。

从这个视角来看待与贵人相处的问题，我们会发现，所有和贵人打交道的方法，其核心都在于你要先成为他人的贵人。与其去钻研怎么获得他人的赏识，不如先学会去赏识他人。要知道，"贵人"只是一个标签，真正的关键在于谁为他人提供了无私的帮助，这才是贵人的本质所在。

所以，不必过于在意自己现在有没有资源，先去帮助别人吧。在这个过程中，你会发现有些人你愿意帮，有些人你不愿意帮。这背后的原委便是你去结识贵人的法门，而且你会对此有深刻的感受。

我之所以先强调仁义道德，是希望大家先走上正道，在走正道的基础上，再去了解和学习其他的方法，这样可以增加做事的手段，提高效率。但是如果先学了其他方法，再回头顾及正道，可能就没法建立根基，这样的话，拥有再多的手段和再高的效率也未必有用。

　　而且，不管从哪个角度看，我们多去做好事，多去帮助别人，总归是好的。

社交策略要讲究多样性

要想突破圈层，那看待世界的思维方式就要有灰度，不能非黑即白。

前文讨论了所谓的"向上社交"，有人便问："能不能不要这么麻烦，我过好自己的日子，做好自己的工作不就行了吗？"这个问题非常合理，而且我一直以来的社交原则就是避免无效社交，管理好自己的时间，即便要浪费时间，也是自己主动浪费，而不是让别人来浪费。

既然如此，为什么我们还要学习社交策略呢？因为"会不会"和"用不用"，是两码事。你可以不社交，但最好懂得如何有效社交。其中的原因不言而喻。

先来明确一下什么是社交策略。策略就是方法、手段和路径。这里我更喜欢"路径"这个说法，因为它与社交目的形成了一对关系概念。路径不是目的，社交的目的很简单，即形成价值交换、打造人际网络，用俗话说就是"熟人多了好办事"。而围绕这个单一目的去规划路径，需要路径具备多样性，即"条条大路通罗马"。一条路不通，我就换另一条；这条路远，我就想办法抄近道；走通一条好路，我就介绍别人一起走。总之，社交策略的多样性可以概括为两句话："熟人多了好办事，条条大路通罗马。"

由此可见，社交策略要讲究多样性。那么，这种多样性是由什么决定的呢？以 A、B、C 三人为例，A 认为这个世界充满善意，因此总是与人为善；B 则认为人性本恶，所以他的社交策略是处处提防，小心谨慎；C 比较中立，觉得人性无善恶之分，会根据不同的情况选择是相信他人还是小心谨慎。这三个人中，你觉得谁的社交策略更胜一筹呢？

答案是 C。这并不是说 A 和 B 在社交中一定会吃亏，他们也可能取得很好的社交成果。只不过，他们的社交策略限制了他们的社交范围，换句话说，就是他们可能只善于与某一类人打交道。而 C 的社交策略则能让他不断突破圈层，既有高层次的庙堂之友，也有江湖之远的弟兄。对 A 和 B 来说，社交的效率往往取决于他们成长的环境。有些人一辈子都在奔向罗马，而有些人出生就在罗马，两者的结局很可能大不相同。如果出生起点较高，这辈子大概率不需要突破圈层，那社交策略单一也无所谓。

要想突破圈层，那看待世界的思维方式就要有灰度，不能非黑即白。王阳明的心学四诀中提到："无善无恶心之体，有善有恶意之动，知善知恶是良知，为善去恶是格物。"这四诀原本不是讲人际关系的，这里我套用一番：善恶一开始并不存在，是我们的一念发动造成了区别。这个念头中如果有私心，那就成了恶；如果没有私心，那就是善。我们心中有个东西叫良知，它会告诉我们什么是对的。我们按照良知去做每一件事，这就是格物。

用灰度思维看世界的难点，并不在于我所讲的道理，而在于真正将这些理念付诸实践。作为一个善良的人，你能不能接受这个世界上有恶人存在，并与他们共事，同时不受他们的影响，甚至还能影响他们？作为一个认为世界充满邪恶的人，你能不能接受一种可能性，即这个世界上还是有美好的人和事存在，并准备好迎接这些美好？那些对自己要求严格的人，能不能做到对别人宽容？那些对自己很宽容的人，又能不能理解那些严格要求你的人？

这些问题需要我们在人际交往中不断地问自己。这有可能会让你很不舒服，但这种不适大概率会让你对这个世界有更深的理解。是的，这种理解很重要，它是通往更高维度认知的必经之路。一个处世极端的人，背后往往有着极端的经历；而一个处世中庸的人，则往往是遭受了世界的毒打后，才顿悟并变得中庸的。

回到社交的本质问题上：我们为什么一定要去尝试突破自己的社交圈层？是为了追求功名利禄吗？其实不然。我们之所以要突破社交圈层，进行"向上社交""向下社交"，是因为我们有更高层次的追求，我们想见识和经历更多样的人生，同时在我们有限的生命中，让自己变得更加丰富和包容。

你应该走更远的路，去见更多的人。可能归来时仍旧一无所有，但你已经蜕变成了一个更加丰富、更加包容的自己。

分工化社交，身份不要重叠

真正的社交高手，会在不同的社交场合扮演不同的角色：
军师、外联部长、执行者或领导者。

这一节会聊一聊"分工化社交"。亚当·斯密在《国富论》中提出过一个重要假设：在现代社会经济中，人们通过分工协作能够显著提升效率。一个人如果试图精通所有事务，并将每件事都做到极致，那不仅效率低下，也不可实现。经济领域如此，社交领域亦然。

你很难让自己在所有社交场合都游刃有余，成为众人瞩目的焦点人物，同时还有足够的时间去精进自己的专业能力。所以那些既擅长社交，又能充分发挥自己的优势，构建有价值的社交网络的人，毫无疑问是真正的社交高手。一般来说，一个人在社交场合中，通常会扮演以下四种角色中的一种：军师、外联部长、执行者或领导者。

第一种角色是"军师"。军师通常见识广博、观点独到，能够把复杂的事情抽丝剥茧，直达内核。在社交场合中，军师的主要功能是出主意、想办法。他们的水平越高，就越能成为多个圈子的座上宾。很多大学教授、作家和咨询专家就属于这一类型。如果你逻辑能力强，思维缜密，擅长搜集信息和整合信息，那你就很适合扮演这个角色。但一定要注意，不要好为人师，古语有云："医不叩门，卦不空出"，说的就是这个意思。这类人的社交效率往往是最高的，他们大部分时间都在独自研究，社交只是他们输出、展示成果的场合。

第二种角色是"外联部长"。他们的优势在于交际，能够在各种场合游刃有余，只要有饭局，他们一般都在。他们有才艺，性格好，服务意识强，只要能让大家开心，他们就会觉得有成就感。虽然他们可能自认为一无是处，但这种谦逊恰恰是他们的优势。他们能够放下架子，向朋友求助。他们在交往中懂得有来有回，也知道交换的方法和价值。这类人的核心竞争力首先是外向的性格，其次是强烈的共情能力，最后是有资源置换的直觉，对谁会什么、谁缺什么、谁快过生日了、谁家母亲最近要看什么医生、谁家小孩要上学了，甚至谁家小狗要配种了等，都门儿清。另外，在吃喝玩乐方面，他们也是专家，选什么馆子、喝什么酒、现在最流行什么、最近的娱乐八卦讨论了什么，他们都一清二楚。最为关键的是，他们的人品一定是过硬的，大家也都认可和尊重他们，关键时刻会给他们面子，总之，这类人主打的就是一个"面子大、朋友多"。

第三种角色是"执行者"。他们是那种一言不发，但认真听话，事事有回应、件件有着落的人。你交给他们办的事情，即便没成，他们也一定会向你清清楚楚说明原因。《论语》中的"讷于言而敏于行"，指的就是这种宝藏人才。千万不要觉得在社交场合中，只有军师和外联部长才是厉害角色。虽然他们在饭桌上不是主宾就是主陪，但具体的事还是要交给具体的人去办。军师的优势在于脑子好使，但动手能力往往不足；外联部长虽有面子，但可能缺乏实际能力。初入一个社交场合，尤其是进行所谓的"向上社交"，你扮演好执行者的角色就足够了。或者说，任何人，不论性格如何，只要你在一个场合中不知道该做什么，就去做执行者。在饭桌上，如果你嘴笨不会活跃气氛，那就抢着干服务员的活儿，倒酒、换菜碟，勤快点儿。

第四种角色是"领导者"。他们有资源、有钱、有决策权，但可能没时间去分析局势，所以需要军师来给他们当参谋；他们忙于大事，没那么多时间迎来送往，所以需要外联部长来帮忙协调关系；他们更没有时间处理具体的事情，所以需要执行者去落实细节。他们唯一需要做的就是把握大局，并承担所有责任和风险。赚了钱大家分，赔了钱他一个人担着。

这四种角色，构成了一个社交局面的最小配置单元。当你进入某个社交环境后，可以借此一方面定位自己的角色，另一方面迅速识别他人的角色。而且，在确定自己的优势角色之后，你可以有意识地去寻找其他角色的人才来组队，然后一起去"西天取经"。

另外，大家还需要注意，一个人在不同的社交场合中，角色是会不断变化的。但不管怎么变，都是这四种角色之一。比如，一个军师型的人才，在自己的研究和学术圈可能是一个外联部长，是重要的社交连接点。而当遇到自己解决不了的问题或进入不擅长的领域时，他又可以通过自己的社交网络去连接其他的军师。同样，一个在所谓高圈层里做执行者的人，由于见识过圈内高人的分析和办事手段，回到自己所在的圈层后，就可能转变成一个军师。同样，一个人在现有的圈层里是领导者，但是在更厉害的人面前，他就可能会把自己打造成一个外联部长。

没有一成不变的角色，关键是要做利他的事情。只是在一个特定的场合里，角色尽量不要重叠，这样才能充分展现自己的优势。这就是分工化社交的核心。

利他心态的实践指南

实践利他心态，记住两句话：

我能为别人做点什么，我能介绍谁帮他做点什么。

关于利他心态，以及利他在社交中的核心地位，我们已经探讨了很多次，但具体要如何做呢？我想分享一些我的拙见。

首先，说一些"高大上"的东西。佛学提出"本性具足"，也就是说你啥都有。如果你觉得自己缺了什么，那可能是因为你不会用已有的去换。比如，你缺钱，那你就用勤劳和时间去换，别拿时间不当时间，天天刷手机；你缺朋友，那你就主动释放善意，赢得他人的好感。思路就是这个思路，总之，想要什么，就要学会用自己拥有的去换。

其次，记住两句话，作为利他心态的实践指南：一是我能为别人做点什么；二是我能介绍谁帮他做点什么。

在中国古代，人们通常是这样教育孩子的：从 6 岁开始，就让他们学习扫洒、应对、进退。子夏在教自己的学生时，没有直接教圣贤书上的君子之学，而是先教他们打扫卫生和待人接物的礼仪。朱熹在《四书章句集注》中也认为这三项训练对小孩子非常重要。

扫洒练的是手和眼的协调——眼里有活儿，手也要能跟上。任何劳动都是一种利他的付出——一眼看过去，马上就知道谁需要什么，然后赶紧去做。应对也是如此，怎么交流更得体，别人问话知道怎么回，学习这些也是为了利他。最后是进退，进退要有度，不给别人添麻烦，但若是需要别人帮忙，也要能开口。

如果你小时候没有经历过扫洒、应对和进退的训练，现在就要刻意培养自己观察并满足别人需求的能力。从小事做起，比如上班时，打扫一下工位周围的卫生；发现饮水机没水了，男生可以主动去换水；无论男女，上班时把自己收拾得干干净净，保持仪态端庄；使用完公共物品，及时放回原处。这些都是成年人可以做的"扫洒"。应对上，不要害怕社交，要锻炼主动与人沟通和对话的能力。可以主动询问别人需不需要帮忙，需要就帮一把，帮完就走，这样进退之道也学会了。经过这样的刻意练习，你会发现自己对他人的需求变得非常敏锐，就像顶尖酒店的服务员和航空公司头等舱的乘务员一样，通过细节就能抓住别人的需求。

当然，并不是别人的任何需求我们都有能力去满足。这时，你需要在心里反复问自己：我能介绍谁来帮助他？如果你的社交网络并不广泛，那你可以运用搜索能力，给他转发一些相关的链接或文章。

有人会问，如果我介绍社交资源给他，他未来隔锅上炕，绕开我直接联系怎么办？对此，要把格局打开，因为即便如此，我们也不会有什么损失；相反，在这一过程中，我们证明了自己构建社交网络的能力，并向外界展示了这一点。我周围的那些"外联部长"无一不是格局大的人，因此大家才会慢慢聚集在他们周围。你需要不断打磨自己"撮合"的能力。如何迅速获得他人的信任，如何构建自己的口碑，这些都是你自身的本事。即便离开某家公司，这些能力和社交资源也都会跟着你走。

在为他人介绍社交关系时，初期你只需建立联系即可，无须为这份关系打包票，也不要给双方的合作增加负担，更要避免他们将合作中可能产生的不愉快归咎于你。你在这个过程中的角色是媒婆，是不需要为小情侣谈恋爱时闹别扭承担责任的。

说到底，利他不是立刻求回报，而是通过利他借假修真。这种修真包含两个方面：一是修炼自己的心态，因为帮助别人会带来好心情，并且不刻意寻求回报，有助于培养格局；二是通过利他行为来构建自己的社交网络，使自己成为关键的连接点。从经济学的角度来说，这样的连接点具备极高的商业价值，变现只是时间和方式的问题。

天底下还有什么比能让你心情好，同时还赚钱的事更值得去做呢？

社交系统越简单，你越自洽

你不需要费尽心思让大家都喜欢你，

同样，也不必煞费苦心避免让人讨厌你。

我从来没想过要成为最受欢迎的人，这么多年来，我一直坚守这个人生信条。怼人已经成为我的日常，我活得就是这么通透。好了，读完以上内容，你对我的印象如何？

这其实不是一道人际关系题，而是一道逻辑题。如果你觉得我是一个"放下个人素质，享受缺德人生"的人，那可能你的逻辑能力还需要提升。我怼人是日常，有人恨我，但是并不意味着所有人都恨我，这在逻辑谬误里叫作"非黑即白"（either-or thinking）。维恩关系同理。大家不喜欢我，不意味着大家都恨我；大家都恨我是一种极端，就像大家都喜欢我一样，是很难达到的。好比一个学生去考试，考的都是选择题，不管他学得怎么样，他得 100 分和得 0 分的概率基本是一样的。

对于小概率的事情不要过分费心思，因为即使费了心思，效果也不见得好。你不需要费尽心思让大家都喜欢你，同样也不用费尽心思避免让人讨厌你。你需要做的是让自己开心、自洽。没错，任何有效社交的前提都是你自己感到舒服和自洽，你能欣赏并接受自己现在为人处世的方式。社交是一个非常复杂且混沌的系统，其中的变量非常多，而你能把握并且能借此简化系统复杂度的关键变量，就是你的内心状态。你的内心状态越稳定，系统就越简单。你越自在，系统就越有可能朝着你期待的方向发展变化。

有了这个认知基础，下面介绍你这一辈子遇到的三类人：喜欢你的人，讨厌你的人，既不喜欢你也不讨厌你的人。最后一类人在你的生命中占的比例最大，是你日常遇见的绝大多数人，而且这些人跟你的关系基本上都是功能性的，比如今天载你上班的司机、你家楼下的保安，以及你公司里的绝大多数同事。

所谓功能性，就是你们按照某种社会协同的方式分工合作，相互提供价值。例如：载你上班的司机按时把你送到地点，你给他车费；楼下保安目送你刷卡进门，你交的物业费里有一部分就是他的工资；你和绝大多数同事必须一起开会，相互协作完成 KPI，然后各领各的工资。

面对这一大群既不喜欢也不讨厌你的人，根据功能性原理，应对的原则有二。

第一，明确双方的需求，构建利益交换方式。其实和具有功能性关系的人打交道，你需要做的是把自己需要他做什么想清楚、说明白。比如上了出租车，你要跟师傅说你去哪里，时间紧不紧张。你不能上车一言不发，等着师傅猜，或者埋怨师傅："开了这么久的车，我不说去哪儿，你就不知道要问吗？"师傅不把你轰下去，算你走运。和同事相处也是一样。你需要他做什么，就和他客客气气讲清楚。他需要你做什么，你明明白白问到位。最多拉扯一二，但是主打一个不走心，不生气，不着急。

第二，确定清晰的边界。无人能左右你自己的人生。人家有需求，我们可以伸手帮忙，但是即便不帮，拒绝了也别担心面子挂不住。你要相信他有其他的人际关系来帮他搞定这个事，未必只有你能救他于水火。如果只有你能帮他，那就遵循第一条原则，开个客观公正的条件，他答应了，你就办；他不答应，那是他自己的选择，你无须为此费心。同样，你也要用这个标准来要求自己，让别人帮忙，一定不要越过他人的边界，要知道自己的人生自己负责，不能"甩锅"，同时人家帮了忙，你的回报也要到位。

再说讨厌你的人。首先，这类人的数量是非常少的，不需要特别为此闹心。但是由于这些人真的很讨厌你，表现出来的厌恶度很高，有点类似高度白酒，量少，但是辣。这时候你要锻炼一种遮蔽力，即这种人我眼不见为净，见了也当没看见。下面两条原则，供大家参考。

第一，不要回应。只要你不回应，他就会比你更难受。如果你实在被气得难受，记得"对线"完就走，之后还是采取不回应的态度。一定不要反复"对线"，那实在是浪费时间、精力。和烂人缠斗，你的底线是你唯一的软肋，但为了赢自降底线实在没有意义，难道你要自甘堕落和烂人比烂吗？

第二，用实力解决一切问题。两个完全没有共识的人是很难去讨论道德问题的，实力才是双方唯一考量的标准。你实力弱，肯定被拿捏；你实力强，也未必需要直接回应。很多烂人之所以折腾你，无非因为越有名的人、越大的品牌，越容易受到人们的诟病，因为诟病强大的人或物，本身就是一种有效的流量炒作。如果你自己是瓷器，千万别和瓦片去碰。

总之，不要试图去赢得任何讨厌你的人。把时间省下来，留给第三类，也是最重要的一类人——喜欢你的人。

面对喜欢自己的人，要在这段关系中投入时间。之前说了人际关系的功能性，这里要介绍它的对立概念——情感性。情感性指的是你们三观基本相近，相处时并不是以利益为主导，而是你觉得当自己的内心无法达到自洽时，需要外界的力量来帮你度过人生的低谷，你也愿意和他去分享你人生的高峰。人生当中还是需要这么一两个，或者两三个，相对纯粹、无关物质利益的朋友。和这些人相处，也有两个原则，供大家参考。

其一，双方关系的维护成本相对是低的，你不需要太为他考虑什么，他也不需要为你考虑什么，能在一起吃饭就很开心，吃什么不重要，讲话也不需要谨小慎微，想说什么就说什么。对于这样低的维护成本，你一定要保持住，不要向对方提要求。提了要求，维护成本就变高了。你要做的是，不抱期待，不提要求。

其二，不要倒情绪垃圾。一定要记得，自己人生的课题是自己的，再难也要自己消化，除非对方能给你提供具体的帮助，否则别开口，即便开口也要做好他会拒绝你的准备。被拒绝了也不要因为对方的拒绝而改变两个人的关系，这才是真正高超的相处之道。

不知道你有没有这样的感觉，能成为最后一类的人，一定很少且会变化，我们要学会接受友谊的消散，这样才能欣然接受新的友谊。

因此，这三类人之间，本身就是不断转化的。

虽然我们和大多数人之间都是功能性关系，但是"路遥知马力，日久见人心"，其中一些和我们三观相似的人，会逐渐转变成喜欢我们的人。就好比你家楼下的保安，经常和你热情地打招呼，你在有空的时候也会和他聊上两句，慢慢地大家就成了朋友。又如你和大学时期的好朋友，因为不在一个城市工作，双方也各自组建了家庭，两人的友谊渐行渐远。再如，你突然发现这个好朋友已经不是你原来欣赏的那个人了，他变得面目可憎，于是你们大吵一架，老死不相往来，他直接变成了讨厌你的人。以上情况都很正常，你不要因此而内耗。

如果把这三类人比作三个池子中的水，那么三者之间应是良性流动的。第一个池子是从大江大河里取水的池子（既不喜欢你也不讨厌你的人），第二个池子是污水池（讨厌你的人），第三个池子是经过过滤精选出来的饮用水（喜欢你的人）。面对第一个池子，我们要保持开放的态度，守好自己的边界，广结善缘，但也不为难自己，执意让这个池子的水量变大。在这个池子中遇到不合拍的，不要迟疑，直接将其划到第二个池子里，这样可以省时省力。把时间省下来给那些相处起来舒服的人，但同时也要接受这个池子人来人往的事实，因为毕竟第一个池子始终在开闸进水。

这个系统分析清楚了，时间和精力就能合理分配了。总之，别做坏人，不算计别人，保持开放的心态，第一个池子的水足够多，第三个池子就不会枯竭，然后别跳进污水池里。

朋友圈就是你的社交名片

朋友圈是一张社交名片，

具有连接意义、区分意义和成为意义。

很多时候，大家总想打造一张社交名片。这张名片上通常会有自己的身份、联系方式以及自己擅长的方面，方便大家迅速了解自己，并与自己建立联系。

在当下，虽然还有一些人在印制名片，但更多的人选择将微信作为社交名片的载体。微信头像和朋友圈已经成为新的社交名片。如果你在抖音、小红书等自媒体平台上很活跃并且有一定影响力，那这些账号也会成为你社交名片的一部分。

然而，很多人的社交名片仅仅停留在功能性层面，即只强调自己能带来什么价值，忽略了展示个人的价值观和态度，即"我是一个什么样的人，我的好恶是什么"这样的情感性因素。

大家不要一提到"情感性"就联想到情绪价值。在我看来，"情绪价值"完全是一个伪概念，不值得推崇。因为如果要给情绪上价值，那势必会涉及交换，因为无交换则无价值。而交换，必然要遵循等价原则，这一原则又只能是公开自由交易的市场才能保障的。但情绪价值这个东西既主观又私密，和品红酒类似，你说好喝，我说不好喝，该怎么评判呢？能坐到一张酒桌上共饮，必然先是因为三观相合，而不是情绪或价值的简单交换。故而可得，情绪价值得以交换的前提是三观一致，这才和情感性扯上关系。当我们有了明确的好恶，与能聊到一块儿去的人坐在一起，才会产生情绪价值的交换。因此可以说，无态度则无情绪，无交换则无价值。

以一种社交现象为例。很多人发现自己被贴上"老好人"的标签后，似乎谁都可以来欺负一下，或者经常被拉去参加一些毫无意义的社交活动，认识一群奇怪的人。这背后的核心原因是其只展现了功能性，没有鲜明的人设。

在自媒体时代，那些做出成绩的人往往都有鲜明的人设。而人设，说到底就是一种态度的集合。

说到这儿，可能有朋友会问："我本身就是一个没有明确态度的人，该怎么去形成并表达自己的态度呢？"

可能你没有注意到，你其实早就在通过选择表达某种态度。尤其是在消费主义盛行的社会中，商品的功能性在不断弱化，而我们之所以选择某种商品而不是另一种，往往是因为这种商品主张的态度是我们所认可的。例如，一个男生喜欢穿户外风格的衣服，并不意味着他周末总是去徒步，甚至他可能是个宅男，但是向往野外的自由与随性；一个女生喜欢用国货化妆品，也可能并不是因为国货里有什么草本植物成分，而是她喜欢中国元素的素雅之美。当然，你也可以说是因为没钱。而"因为没钱"这个观点，也从某种程度上反映了你的态度，即你并不受消费主义的驱使，性价比才是你更看重的。

在消费主义盛行的社会中，我们时刻被各种态度裹挟。那么，我们何不反向而行，借鉴消费主义的策略，来塑造和设计自己的态度和社交名片呢？从商业品牌营销的角度来说，一个品牌之所以能在消费者心中占据一席之地，是因为它做了三件事：连接意义、区分意义和成为意义。我们同样可以运用这一逻辑，来构建和传达个人的态度和价值观。

首先是连接意义。这实际上就是社交名片的功能性部分，包括"我是谁""我能提供什么价值""这个价值为何与你有关"。有时，在微信朋友圈分享一些与公司业务相关的文章并无大碍，反而有助于别人知道你到底是做什么的。如果你觉得自己的工作本身没有必要受到过多的关注，可以转发一些与你所在的行业有关的文章，并略加点评。如果你本身就是自由职业者或自媒体从业者，那大可把朋友圈做成一个宣传阵地，只是不要一味地发跟生意有关的内容，否则就有点像微商了，别人也可能会屏蔽你。

其次是区分意义。区分意义在于展示你为什么和其他人不一样。我朋友圈里有很多教培行业的朋友，毕竟我以前在新东方工作了 10 年。后来，很多老同事成立了自己的工作室，他们的朋友圈多半是学生成绩的喜报、自己对最近某次考试的点评以及自己的直播预告，这就导致了信息的趋同。在这个信息爆炸的时代，这样很难被用户识别并记住。但其中一位朋友的做法很有意思，他会在朋友圈发自己写的辅导学生的日记，记录学生的日常学习进展。比如某同学今天背了多少单词，做题的状态如何，下一个阶段学生应该注意些什么，以及他和家长是如何耐心沟通的。这就做出了自己的特色，勾勒出了一个极其认真负责且和蔼可亲的老师形象。家长在加了他的微信之后，看到他的朋友圈，也会觉得这个老师和其他老师不一样，并且能从中学到一些家庭教育知识，对他的印象更加深刻。

最后是成为意义。在连接意义和区分意义都满足之后，下一步要实现的是成为意义，也就是要把自己的好恶展现出来。好恶没有客观标准，而且好恶的表现难免会得罪一些人，但这恰恰是你之所以是你的原因之一。以前在新东方有一个说法，优秀的老师会让学生因为他的授课而喜欢他，但顶尖的老师会让一部分人非常讨厌他，同时让另一部分人极其崇拜他。这种崇拜不仅是对他的教学水平，更是对他这个人的崇拜，他们甚至愿意免费为他做传播。在社交中，最关键的就是这种二次传播，如果你为了讨好所有人而收起了锋芒，那你就可能失去二次传播的机会。而且，前文也讲过，你很难让所有人都喜欢你，所以你只要大胆地做自己就好了。

无论是你的生活方式、喜欢读的书、爱看的电影，还是对社会热点的评价，你都可以分享，无须过度修饰，带有自己真实的情绪即可，这样别人会觉得你是一个真实的人。

有时候，我发现加了某些人的微信后，看不到他们的朋友圈。除非这些人的工作有什么特殊的限制，否则我一般不会和这类人做朋友，因为社交有一个基本原则就是对等。如果你对我设置朋友圈不可见，我大概率也会对你做同样的设置。而且我觉得，一个故作城府高深但实际成就甚微的人，可能也不是什么好人。

所以，有时候我不得不感叹微信创始人张小龙对人性的把握之到位。微信朋友圈可以设置展示的时间范围，一些人会设置只展示"最近三天"，这几乎等同于关闭了朋友圈。但设置三天可见并不意味着这个人完全封闭了自我，可能他只是有些社恐。但我还是想说一下，朋友圈是一张社交名片，最好开放半年，这样效果会比较好。当然这并非金科玉律，只是供各位参考。

谈判中的让步，本质上是一个交换的过程

在谈判中，如何有效地让步？

首先，在让步的过程中，不要有情绪波动，也不要认为让步就是软弱或退让；

其次，提前规划好让步的路线图；

再次，在实际谈判中保持灵活，根据现场情况随机应变；

最后，记住，让步应当是双向的。

有人说，谈判的艺术就在于让步。此言不虚。为何要让步，又该如何让步呢？下面给大家分享一些我的浅见。

先说为何要让步。谈判过程中，虽说双方可能有强弱之分，但谈判的前提一定是双方各有所需，并且认为通过谈判所能获得的价值远大于不谈。为了满足各自的需求，双方需要进行需求交换。而只要交换，势必就要遵循公平互利的原则。但公平互利是一种相对主观的感受，因此双方需要坐下来进行磋商，考虑彼此的诉求。这个过程，就是让步。重要的是要意识到，让步并不意味着软弱或退让，它本身是一种交换的过程。

再谈该如何让步。

首先，在让步的过程中，不要有情绪波动，也不要认为让步就是软弱或退缩。让步与底牌、期待值、第一次报价三个数值的设置有直接的关系。如果你能够合理地设定这三个数值，为自己留出足够的谈判空间，那么即便让步，也不会损害自己的利益。同样地，对方也会设定他的三个数值。如果他没有这样做，你也不要欺负对方。

其次，提前规划好让步的路线图。有一个策略叫作"做方案不要做一套"，即让对方在你给出的几个方案中进行选择，这本身就是一种巧妙的让步设计。汽车 4S 店的销售就深谙此道，他们貌似在给你报价，实则是在了解你的需求，并让你在各种配置之间自行权衡。不同的方案之间本身就蕴含着进退之道：你想要更好的配置，价格自然就会高一些；你希望价格便宜一点，很多配置与功能自然就会相应地简化。

在销售策略中有一句名言："拆得越碎，卖得越贵。"这是因为方案中的选项增加，意味着有更多角度的让步和选择，同时也把选择的难题交给了对方。你可以让对方陷入选择困难，而你自己则保持足够的开放态度："你来选，我都行。"最后，当对方精力或体力不支时，你再帮他合并选项，提出一个整体打包的解决方案，并顺带给他打个折。回想一下 4S 店的销售是怎么对待你的——他们先是用各种选配弄得你眼花缭乱，然后又说："这样，我帮你配吧，你选 ××、××，还有 ××，然后我去跟领导申请一下，给你再打个折、送个贴膜。"

和领导谈加薪时，也可以采用类似的策略。不要只盯着底薪，你还可以将绩效奖金、期权分红、带薪年假、职位培训等多个方面纳入谈判内容。例如，你可以跟领导说："我提议底薪涨 3%，但同时希望绩效奖金可以从每年的 13 薪调整到 15 薪，具体标准由您来定。另外，我也想提升一下自己，计划参加一所商学院的 MBA 课程，不知道公司能不能支付一部分培训费用呢？我可以签培训协议。"这样的策略比你只在底薪增幅上和领导讨价还价能创造出更大的交换空间。

谈判中最忌讳的是"零和博弈"，即我多拿一分，你就少得一分，这样的谈判往往导致双方都不满意。我们要学会构建双赢的谈判局面。双赢谈判的底层逻辑是，不在零和问题上拉扯，而是在多个可交换的问题上寻求共识。尤其是当你需要的东西对别人来说恰好成本不高时，最容易形成交换。比如，面对你的涨薪诉求，领导可能回复："底薪涨 3% 目前压力较大，绩效奖金调整也不太现实。但对于你上商学院这个事儿，我们很支持，你可以先报名考试，如果商学院录取你了，公司可以考虑给你提供一部分培训费用，条件是你读完之后要继续在公司工作 3 年，并承担一些内部培训任务。如果 3 年内你主动离职，需要双倍退还培训费用。"

在这个谈判案例中，底薪和绩效奖金的增加明显属于零和博弈，你多拿了，公司就少赚了，但商学院的培训费用却是一个双赢的点。对公司来说，首先，你愿意报考并且有信心考上，说明你很上进并且能力不弱；其次，你学到的知识能够为公司创造价值，并且为公司省下了外聘培训师的费用；最后，公司确保了你未来 3 年的服务期。而对你来说，一来省了一部分学费，相当于变相涨薪；二来提升了自己的能力；三来你本就不打算短期内离开这家公司，所以 3 年的服务期对你来说也不是大问题。这样，你们双方通过相互协调不仅满足了对方所需，自己也没有做出太大的牺牲，最终实现了双赢。

局面，说到底是一个面，而不是一个点。要学会抛出一系列方案，这样才能将点汇聚成面，进而在面上构建双赢的格局。有些朋友可能会说："我就是不知道如何增加和开辟新的视角，该怎么办呢？"这不是一时半会儿就能解决的问题，它需要你在认知层面上不断积累和提升。试想，一个整天盯着底薪的人，可能想不到去读商学院，也不一定能意识到公司可以出这笔钱。所以，有人说谈判的胜负最终取决于认知的高低，这话确实不无道理。

再次，在实际谈判中保持灵活，根据现场情况随机应变。常言道："枪声一响，计划作废。"在谈判中这种情况是非常普遍的，以下提供三个应对策略。

第一，要不断提问，而不是自顾自地表达诉求。很多人觉得在谈判中提问是为了刺探对方的底牌或套出更多的信息，这其实是一种误解。提问的发心非常重要。提问不是为了进行零和博弈，而是为了构建共赢的局面。那什么叫共赢？其实就是通过提问，找到双方共同的关切。这是大家要合力解决的问题，而不仅仅是某一方的问题。

第二，提问的态度一定要谦虚。遇到不懂的，就真诚地发问；想了解对方的需求，也开诚布公地直言。很多人的提问方式往往是反问，或者试图通过提问引导对方跟着自己的思路走，这些都是错误的做法，很可能会引发对方的反感。

第三，用自己最关心的议题去交换对方最关心的议题。在谈判中，不必过于保守，因为保守可能会让对方觉得你没有解决问题的诚意。同样，我们虽要保持积极，但也不要激进。有些人在谈判时咄咄逼人，这可能会让对方失去跟你合作的动力。正确的做法应该是，我们主动袒露我们关心的议题，即我们参与这次沟通的目的，同时就对方关心的议题进行提问。一旦大家共同的议题被确定，谈判就变成了解决这个共同议题的沟通。例如，你可以向领导明确指出你现在关心的议题是个人发展和涨薪，然后询问领导现在最关心的议题是什么。假如领导很关心团队的成长，并希望团队成长的结果是完成业绩，那你们共同的议题便是如何通过你个人的成长来带动团队的成长，从而实现你个人薪资的提升。

最后，记住，让步应当是双向的。我们让步是为了换取对方让步，如果对方不愿意让步，那么我们的让步也应当适可而止。这是谈判中一项很重要的技术操作。让步是为了让整个谈判在融洽和谐的氛围中进行，如果一方始终强势，那这就是一场完全不对等的谈判。在这种情况下，我们需要暂停谈判，让子弹飞一会儿。这样一来可以避免自己情绪上头，导致谈判破裂；二来可以用冷处理的方式让对方明白，如果继续这样，那就没得谈了。

在这个过程中，我们需要注意两个方面。

第一，让多让少都是让步。虽然我们一般强调对等让步，但如果对方让得较少，我们也要对其让步的行为表示肯定。比如，可以说："谢谢领导同意给我提供一部分培训费用，您看公司需要我做什么吗？"而如果我们已经让步，对方却寸土不让，我们可以提醒一下："领导，我底薪不涨也行，您看我已经不再要求涨底薪了，在其他方面您是不是能关照一下呢？"

第二，让步的方式一般有两种：一是先大让后小让；二是先小让后大让。通常我们会采取第一种方式，因为越接近成交点，双方的争夺就越激烈，都在拼命地探底。这个时候，大家让步的空间都很小，如果前面的空间让足了，此时即便有人想放弃，也会考虑到前期的投入和取得的阶段性成果，从而使谈判得以继续下去。使用第二种方式通常会把双方的时间压力考虑进去。如果这件事对对方来说比较紧迫，或者对方的性子比较急，便可以采用先小让后大让的方式，用小让稳住谈判的进程，消耗时间，最终用大让来结束谈判。但是，这种让步方式可能会面临一个风险：一旦谈不成，谈判就容易彻底破裂。

让步不仅是谈判的艺术，更是生活的艺术。正如《道德经》所言："天下莫柔弱于水，而攻坚强者莫之能胜。"谈判这个事，我也是到了30多岁开始创业时，才不得不去研究和体会的。以前，我总认为谈判就是玩弄手段，所以不屑于参与，后来才发现这是自己的轻慢。谈判其实并不仅仅是为了赢得利益，也是为了赢得对手的尊重和信任；不是为了挣得面子，而是为了解决共同的问题。

一让天地宽。

谈判收官的五大关键

谈判的目的不是将对方压榨至极限，而是在自己的期望范围内达成交易。

谈到收官，首先要明确，谈判既不是零和博弈也不是单轮博弈。谈判结束后，还需要双方根据达成的一致意见，将事项逐一落实。有时，在谈判桌上你打了对方一个措手不及，貌似占得了先机，但在具体的执行过程中，却发现对方消极怠工，甚至故意阻挠，迫使你不得不重新回到谈判桌上。更糟糕的是，这轮谈判的难度会更大，因为对方首先是来报仇的，而不是来解决问题的。因此，在收官阶段，务必做好以下五件事。

第一，要在谈判桌上为对方留一些好处。正如英语俚语所说："always leave something on the table"（直译为：在桌子上留些东西），意思是要适可而止，不要独占所有的好处，也要顾及别人的面子。心理学上有个词叫"峰终效应"，说的是人们对一段经历的感受主要取决于这段经历中的高峰和终点的体验，即么是过程中极好或极坏的体验，要么是最终的体验，决定了人们对一段经历的感受。由于谈判过程中很难有多愉快的事发生，因此我们应尽量在谈判结束时做好收尾工作，让大家都能满意而归。

在操作方法上，我们还是要回到前文提到的"谈判三值"。由于我们在底牌之上还设定了期待值和第一次报价，因此留下的让步空间还是比较充足的。基于此，我们在最终成交阶段一定要"绷住"，拉扯越久，越要坚守阵地；你甚至可以向对方施压，但自己一定要稳住。这时坚持至关重要，即使对方提出的要求微不足道，也不能轻易妥协。这时的利益，就是所谓的"something on the table"（直译为"桌子上剩的东西"）。如果你之前已经让步了，那这时候就没有什么可以拿出来（放在桌子上）作为交换的筹码了。

反之，如果最终对方给你施加了很大的压力，让你非常难受，但你又不得不接受对方的条件以达成一致，那么在这个时候，你可以要求一些无关痛痒的"医药费"作为补偿，对方通常也会乐意顺水推舟，成人之美。

第二，要确保细节明确无误。该留下文字的留下文字，需要签字画押的环节也绝不能省略。任何与合同相关的谈判，都只有到了双方都签署的那一刻，才算真正的收官。在此之前的一切讨论，都有可能被推翻。因此，在每次口头谈判中，我们可以先确定大致的方向，然后将具体的细节尽快落实在文字上，并由双方当面签字确认，以确保万无一失。

第三，要合理设定违约成本。一般来说，谁占了便宜，谁就倾向于提高违约成本。如果你觉得自己在某个事项上吃亏了，但又不得不接受对方的条件，那么违约成本一定是你要关注的，它能成为你制约对方的手段。如果对方既占了便宜又提高了违约成本，那这样的合约我劝你三思而后签，因为这很可能是一个不平等条约。反过来，如果你在这份合约中占了便宜，那在违约成本上就应该做出一些让步。

第四，要妥善设置退出条件。人无千日好，花无百日红。外部世界和合作条件总是动态变化的，今天看上去公平的条件，到了下一个历史周期可能就变得不那么公平了。到时怎么调整天平上的砝码，就需要我们设置一个退出合约的条件。最简单的方式就是"给这份感情加一个期限"，短则半年、一年，长则三年、五年。到期之后，双方再行商议。

第五，维系合作关系不能只靠一纸文书，关键在于要让双方长期获得各自需要的价值。因此，谈判的结束不仅不意味着任务的完成，反而还预示着双方将踏上一段漫长的合作旅程。在这个阶段，信任、能力以及稳定的情绪都变得尤为重要。谈判或许不是一种轻松的沟通方式，但却是我们必须学习并应用的技能。

下面谈谈收官的五大注意事项。

第一，不要急躁。谈判不仅是认知的较量，更是对时间感知的较量。急躁的人，在谈判中几乎是必输的。因为他们的急躁可能让对手望而却步，中途放弃谈判。要做到不急不躁，首要任务是学会寻找替换选项。与其在谈判桌上徒劳纠缠，不如先为自己准备几条退路。例如，谈涨薪的高手不会贸然与领导直接对话，而是先把自己的简历投到市场上，摸清自己现在的实际价值，甚至会等手上拿到几个录用通知书后，再与领导稳稳地谈判。另外要记住，谈判要

105

一步一步谈，不可急于求成。从大处着眼，从小处着手，逐步建立互信，后面谈起来才会比较从容。还有，谈判中的焦灼时刻往往预示着成交的临近，否则大家为什么要浪费时间去焦灼呢？

我的一个朋友是做战略并购的，我经常写作、看书到后半夜，想找人出去吃夜宵时，他总是那个"搭子"。而且，他经常和我吃完后还接着去第二场。我好奇地问他都在忙什么，他说是谈收购的案子。我问他具体怎么谈，他笑着说："就是天方夜'谈'，什么都谈，就是不谈事，就是熬对方。"我告诉他，如果我是对方，早就说拜拜回家睡觉了。他却反问我："如果你着急谈成一项业务，你会选择回家吗？"这让我恍然大悟：当你提出谈判以外的苛刻条件，如果对方还不离场，那就意味着离成交不远了。所以，我这个朋友经常陪我吃完夜宵，又回去继续"熬"他的供货商。文行此处，我突然想到另一种可能性：会不会他的供货商也在"熬"他呢？哈哈，高手之间可能就是互"熬"，看谁"熬"得过谁吧。

第二，不要一味求进，要学会阶段性地收官。收官不是一次完成的，谈判高手每取得一点收获就会收一次官，这有点像打游戏时的存盘，即使失败也不至于从头再来。学会不断存盘，就不怕遇到分歧。遇到分歧就暂时搁置，先按照已经达成的共识行动起来。谈判最怕没有存盘的习惯，这样一旦出现变故，之前的努力就可能全部付诸东流。因为如果共识没有建立多少，分歧又持续存在，那么只要一方找到了更好的替换选项，谈判就几乎不可能再继续下去。

第三，不要有情绪。尽量将自发的情绪隔离开来，因为任何情绪的表露，都可能成为你谈判中的弱点。例如，如果你觉得对方不尊重你，你不想谈了，对方一定会立刻道歉，并把你拉回谈判桌。但是谈着谈着，对方可能突然又刺激你一下，然后再道歉。此时，如果你仍然留在谈判桌上，那就只能说明对方还有很大的空间来挤压你。谈判的焦点应该是事情本身，而不是个人情绪。你没有任何情绪的波澜，对方就摸不清你的底牌。反过来，你也可以合理地利用情绪，比如当对方在某个问题上反复拉扯时，你可以故作生气状，然后再缓和下来，借此将问题搁置。不知道你发现没有，该不该有情绪波动，关键在于这种情绪是不是受你掌控。是你在引导对方，还是对方在引导你？你是在主动地传递信号，还是在被动地受干扰？这一点至关重要。

第四，不要威胁对方。谈判无果时，真正有效的手段是离开谈判桌，直接采用替换选项。任何你不会实际去做的事情，都不要在口头上表达出来。例如，你一怒之下说："你这样，我就跟你的领导反映这个问题，你到时候吃不了兜着走。"如果对方无动于衷，你怎么办？你真的会去找他的领导吗？如果这样做能解决问题，何必先告诉他，直接和他领导讲就是了。那么，如果你真的想说服对方来高效地解决问题，应该怎么做呢？方法就是站在对方的角度，心平气和地给他打预防针："我完全没有威胁你的意思，我们是要共同解决这个问题。我站在你的角度帮你分析一下，如果你现在还坚持，那我真的没有别的办法了，我只能去和你的领导沟通。这个结果我也不想看到，因为这样做对我一点好处都没有。所以，你再想想，看大家能不能相互帮一把？"

那如果别人威胁你，该怎么办？首先，判断他的威胁是否真实有效。其次，考虑他如果真的这么做了，他的损失会是什么。最后，思考如何放大他的损失。一般来说，应对威胁的上策是冷处理，即不逞一时口舌之快，等着看对方到底能不能把威胁变成现实。

第五，不要贪得无厌。当双方准备签字画押的时候，千万不要在重要议题上重开一局。在非重要议题上可以稍做争取，但在重要议题上千万不能"既要又要还要"。谈判的目的不是将对方压榨至极限，而是在自己的期望范围内达成交易。

关于说服的四个反常识

关于说服，有几个特别反常识的洞察：

1. 说服不需要说理；

2. 人只能自己说服自己；

3. 人们不会因为美好的愿景而在当下做出改变，他们只会因为恐惧损失和改变毫不费力而说服自己去行动。

4. 当你试图说服一个群体时，一个有效的策略是先去说服那些容易被说服的人。

前几节一直在说谈判，从这一节起开始谈另一个重要领域——说服。在这里，我先将谈判和说服做一个区分。它们的差异在于，谈判是通过双方的让步和交换来形成一致意见，而说服则是一种单边效应，你可以将其理解为没有让步的谈判，即通过施加影响力让对方产生行为的变化。在学会谈判的基础上再学习说服，效率会非常高。因为如果实在说服不成，还可以切换到谈判的路径上去解决问题。

关于说服，有几个特别反常识的洞察。

在说服过程中，你的立场、主张和观点，不能发生任何变化。

因为任何变化都意味着你并不是在说服，而是在谈判。有一种说服方式被形象地称作"坏唱片法"，即你要像一张坏唱片停不下来一样，不断重复你的观点，直至对方要么受不了你走了，要么答应你，或者尝试通过让步把你拉入谈判模式。例如，你需要协调其他团队来做一件事，但那个团队的负责人怎么都不愿意接受这项任务，此刻，你并不需要想方设法找理由让他接受，只需要不断重复你的诉求。你可以将自己的回复分成两部分，第一部分表示你接收到了他的信息，第二部分重复你的诉求。比如："我明白你的意思，但我还是需要你来做这件事，并且在周五之前把结果交付给我们。"不管他说什么，你都接着说："我理解你的处境，但我还是需要你来做这件事，周五之前交付结果。"无论他用什么理由搪塞你，你都只需要重复："我理解你，但我还是需要你来做这件事，周五之前交付结果……"

在这个过程中，不要有任何情绪波动，就当一张坏掉的唱片；不要尝试讲任何道理，也无须做任何让步或变换请求，更不必回答对方的提问。你只需按自己的节奏，稳定且不变地输出你的诉求，做一张彻底坏掉的唱片，直到对方同意你的诉求为止。

你需要进行刻意练习，这样你才能做到没有情绪波动，不被对方的节奏影响，持续稳定地输出自己的诉求。你可能还需要进行心理建设，因为这样做可能会让你成为一个令人讨厌的人。但是，如果你不这么做，别人就不会答应你的诉求。你可以权衡一下利弊。

这种"坏唱片"的能力是说服高手的首要特质：坚守自己的立场，没有情绪波动，稳定输出。这是第一个特别重要的反常识洞察，即说服不需要说理。

第二个反常识洞察是：人只能自己说服自己。从这个角度看，整个说服过程可以简化为：你坚持自己的立场，且不断站在对方那边，随着时间的流逝，他会自行权衡利弊，最终说服自己同意你的观点。在这一过程中，真正起作用的是时间，以及在他说服自己时，你恰好在他身边这一事实。这意味着最佳的说服模式一定是时间的朋友，因为你的观点会随着时间的推移变得越来越有说服力。

那么，人们最终是如何说服自己的呢？无非基于两点：潜在的巨大损失以及不费力气的改变。这是第三个反常识洞察：人们不会因为美好的愿景而在当下做出改变，他们只会因为恐惧损失和改变毫不费力而说服自己去行动。换句话说就是，如果不做，损失很大；如果做了，也没有什么损失，那就试试看。

人们在考量可能的所得时往往会考虑投入产出比，但是在面对可能的损失时，他们却只会赶紧行动，以尽量避免损失。保健品和保险的销售就深谙此道，他们会说："保健品你不吃，到时候得了大病就得花大钱""保险你不买，出了事就惨了，现在花小钱，将来保大钱，平时注入一滴水，难时拥有太平洋"。这招真牛！

因此，在说服他人时，你只需要强调不这样做的坏处以及这样做很容易。例如，在前面的例子中，你可以说："这活儿你要是不干，领导问起来我也没办法，听说领导现在正为这事儿闹心呢，他要是发起火来，咱们都得遭殃。再说了，你把这件事交给你们团队的人就行了，你也不用亲自上手去做。"末了，别忘了补上一句："你先去想想吧，该说的我都说完了，有问题随时找我。"

第四个也是最后一个反常识洞察是关于说服群体的——当你试图说服一个群体时，一个有效的策略是先去说服那些容易被说服的人，详情参考《乌合之众》。这些人通常容易情绪激动且容易感情用事，只要他们被说服并开始行动，那些难以被说服的人往往也会因为群体效应而对自己的观点产生动摇。

再次回到前面的例子，如果这个团队的负责人不配合你，你就去找他团队里愿意配合你的人。当大家都动起来后，他再不动就会显得很被动。分而治之，是说服群体的利器。甚至有人说，说服一个群体远比说服一个人更加容易。

说服是刚，谈判为柔，要学会刚柔并济。只会说服不会谈判的，刚有余而柔不足；只会谈判不会说服的，柔有余而刚不足。适时选择不同的策略，能够更好地提升自身的影响力。

生活并非囚徒困境，可以多次博弈

博弈论中一个更优策略是：

第一轮主动释放善意；

第二轮不管对方如何回应，仍旧释放善意；

从第三轮开始，模仿对方上一轮的策略。

有句古话："有人打你的右脸，连左脸也转过来由他打。"

第一次读到这句话，我深感不解。后来在生活中撞见一次街头争执，我的认识发生了巨大变化。是日，两人在街上互相谩骂。其中一人挑衅，另一人挥拳，挑衅者借势倒地，以痛苦状拿出手机，从容报警。我当时立刻就想到了这句话，古人诚不我欺！

当然，今日说这句话并不是教大家去碰瓷，而是要引出这样一个话题：如果不知道对方是不是好人，我们应该如何与他相处？

谈起博弈论，大家可能最容易想到的是"囚徒困境"，其中最优的解法被称为"纳什均衡"。纳什均衡教会我们在完全不知道对方决策的情况下，如何做出对自己最有利的决策。这其实是博弈论的一种极端情况，即只有一次博弈的机会，并且双方完全处于无法沟通信息的情况下，必须做出最有利于自己的判断。

然而生活并非囚徒困境，我们可以进行多轮次的博弈，并且在博弈的过程中，不断进行信息传递，并最终做出对双方都有利的选择。这里有两个重点：多次博弈和信息传递。

先说多次博弈。人生中重要关系的建立往往需要经过多次博弈。对于那些只有一面之缘的人，其实不必特别在意，因为只是萍水相逢。博弈论认为，多次博弈会让人们趋向更加理性的选择，双方的利益也会趋向平均和双赢。举个简单的例子，你家楼下的小卖部做的是邻里生意，大家抬头不见低头见，所以一般也不会坑蒙拐骗；相反，在某些旅游景点，绝大多数游客不会天天来，大多是一锤子买卖，所以坐地起价、坑蒙拐骗的情况时有发生。前者实诚是多次博弈的结果，后者则是一次博弈的结果。这也是为什么老话常说，"路遥知马力，日久见人心"。本质上，这也是用多次博弈去了解一个人的秉性。

再说信息传递。刚才提到的囚徒困境中的纳什均衡是很极端的场景。两个囚犯彼此消息隔绝，不清楚对方会做什么样的选择，那么只能考虑不管对方做什么选择，都对自己有利的选择。这也是审讯时警察不让嫌疑人之间互通信息的原因，防的就是他们串供。警察可以说："你同伙已经都招了，你还硬扛着干什么？早点交代，争取宽大处理。"任何一个理性的人此时都会选择招供，从而达到纳什均衡。如果两个嫌疑人知道彼此是否已经招供，那肯定会选择一起死扛到底。这就是信息传递在博弈论中的作用。

铺垫这么久，就是为了讲现实的社交博弈场景中，不知道对方是好人坏人的情况下，我们该如何应对。解法如下。

第一，如果对方和你在可见的未来不会有太多的交集，即没有多轮次博弈的机会，最好以模糊的方式释放善意。所谓模糊，就是少说话，忌交浅言深；所谓善意，就是微笑、感谢、夸奖、随喜赞叹。

第二，如果对方和你在未来可能有交集，你需要做的第一步是具体且清晰地释放善意，因为多次博弈中，信息传递极为重要。你对他人的善意并非道德层面的要求，而是博弈层面的最优策略。俗话说的"伸手不打笑脸人"就是这个意思。注意，你释放善意不是为了赢得对方的善意，而是要释放信息：我是个好人，大家可以按照好人模式相处。

第三，在首轮主动释放善意之后，根据对方的回应，模仿他上一轮的策略。这就分成了两种情况。第一种情况是我先释放了善意，他也以善意回应，我要模仿他上一轮的策略，所以我继续释放善意来回应他的善意。这就是老话说的"俩好搁一好"。第二种情况是我首轮释放了善意，但是他却以恶意相报，此时我也应该模仿他上一轮的策略，用敌对的态度予以警示。如果他接受了我的警示，从而改变策略以善意与我相处，我还是模仿他前一轮次的策略，也用善意与他。但是如果他在接受了我警示的情况下，还是死不悔改，那么我仍旧以敌意处之。后续 N 轮博弈以此类推。在这里还是要再次强调，我们释放善意或者敌意，目的不是赢过对方或者报复对方，而是不断释放博弈的信号。

不知大家发现没有，我们在使用多轮博弈策略和他人相处时，有几个关键点。①不应该为情绪左右，我们做出的回应，是在持续释放博弈信号，只需模仿对方前一轮的策略。②不必过度解读或者猜测对方的意图，模仿即可，让自己少烦点心。③我们不需要迎合任何人，只需要第一轮主动释放善意，随后模仿对方的策略即可。终究能不能成为同路人，由他不由我，将困难的选择题交给对方。④始终关注自己能力的提升。能力越强，传递信息的力度越大，同时即便首轮博弈我方释放善意，对方释放敌意，我方的损失也是可控即可。

据说当时的博弈论学者经过实证研究发现，更优的策略是：第一轮主动释放善意，且第二轮不管对方如何回应，仍旧释放善意，从第三轮开始，模仿对方上一轮的策略。我个人的理解是两轮释放善意是为了确保信息传递足够到位，充分减少对方误判的可能性。此外，如果你没有遭受对方两次暴击后还能打回去的实力，就先低调发育，毕竟任何博弈都没有绝对力量来得有效。

这么一想，"打左脸给右脸"颇有博弈论的智慧。

有话好好说的四大要诀

有话好好说的要诀在于：

第一，不必当场和对方起争执；

第二，要学会区分人和事，区分价值观和利益；

第三，要学会提问；

第四，要意识到，沟通一定是先建立共识，然后在此基础上不断构建信任，最后再去处理分歧。

虽然烂人常有，但是我们不应该把和我们意见不一致的人轻易归于"烂人"之列。他们只是和我们的意见不一样，不要将此上升到人格和道德层面，我们要学着有话好好说。

有话好好说有四个要诀。

第一，不必当场和对方起争执。你完全可以找个借口离开。因为无利不起早，如果没有什么可以共享的利益，还要去说服别人，这属于自己的时间管理问题。

第二，要学会区分人和事，区分价值观和利益。

先说学会区分人和事。意见不一致，只是对方和我们对这个事情有不同的看法，并不意味着对方人格、道德上有问题。看法不同，往往是因为视角和利益的出发点不一样。观点和利益可以交换，但是如果在人格、道德层面上发生冲突，可缓和的余地就非常小了。比如，同事认为你这个活儿做得太慢了。如果你觉得这是对你人格的指责，那你会直接怼回去；如果把人和事区分开，奔着解决问题去，你就可以问他，需要什么时候把任务做完给他，同时提出一个时间点，问他能不能接受，然后双方就提速这个共同的目标去协调资源、解决问题。甚至你可以告诉他，提速可以，但是要加钱。

这都是在解决问题，而不是上升到人格层面的争论。我教你一个刻意训练的方法，每次不要拒绝别人的诉求，第一时间说"没问题，可以，我也是这么想的"，然后加一个"但是"转折，立刻提出要满足对方的需求，你所需要的条件——"要加班，可以，但是我下周需要调休。""要改业务流程，没问题，但要跟我领导打个招呼。"当你认同对方的诉求时，你首先要把你自己摆到和他一条战线上，然后把你需要的资源摆在桌子上。因为你已经和他站在一条战线上，认同了他的目标，那么也就意味着你的困难现在也是对方的困难，大家要一起解决。

如果你心中已经响起了"这个人怎么这个样子"的BGM（背景音乐），我劝你冷静下来，要么就事论事，要么暂停沟通，毕竟话不投机半句多。

第二个区分是把价值观和利益区分开。很多人看到这个说法，可能会觉得我是一个唯利是图的人，没错，我的确就是。我和价值观不一致且我必须和他沟通的人，不谈利益，我怕我会直接掀桌子。谈利益，恰好是能稳定我情绪的一剂良方。对方是个烂人，但这不妨碍我挣他的钱，并且我还要多挣他一点，这样才能弥补我的精神损失。

第三，要学会提问。面对有情绪的人，第一要务是认同他的情绪，然后再追问事实和细节。比如对方说"你们这个团队配合起来真的很磨叽"，你可以先认同："进度的确落后于我们的预期"，然后追问细节："您具体说说，到底哪些环节我们可以改进？"

只有不断地追问细节，才能了解对方情绪的来源。情绪的背后是没有被满足的需求，满足了对方的需求，你自然就创造了价值，有了价值就可以和对方去交换你想要的东西。沟通的高手无一不是提问的高手，而且所有的问题一定都是指向细节和事实的。所谓"说软话、办硬事"，指的就是在情绪上认同别人，但是在事实细节上不断追问，从而去解决问题。

第四，要意识到，沟通一定是先建立共识，然后在此基础上不断构建信任，最后再去处理分歧。这个"共识—信任—分歧"的链路次序是不能颠倒的。很多时候，我们总是聚焦在分歧上，导致最后谈崩。之所以有分歧，是因为没有相互信任，没有相互信任是因为没有达成基本的共识。你可以想想和最好的朋友聊天为什么会非常爽，原因是你们之间的共识和信任是非常充足的，所以你们可以相互站在对方的角度上去考虑问题，只要站在对方的角度去考虑问题，分歧就不存在了，即便存在，大家也会搁置分歧。

共识不是天然存在的，而是需要我们不断寻找的。一是可以从身份开始寻找，比如"我们是校友""我们是同事""我们有共同的朋友""我们都是宝妈"。身份的一致性能带来意想不到的共识基础。二是可以通过提问寻找，如对方关注什么，他为什么关注这个，他关注这个想达到的目的是什么，如果这个最终目的没有达到，最大的问题是什么。几个问题追问下去，共识总会找到。他要你手里的锤子，你没有办法给，但如果你知道他是想用锤子去砸核桃，你给他一个砸开的核桃就行了。

哪怕只有一个小小的共识，都可以根据这个共识先采取行动，因为只有行动才可以带来信任。有了信任，就可以进一步去巩固共识和扩展共识，再建立更大的信任，最终去解决那个以前不能解决的分歧。所以，有了分歧光说是没有用的，应该想尽办法先找个切入点，大家一起干起来。基于共识，哪怕是只有一丝共识的行动，也是构建信任的有效路径。所以不要总想着说服别人，也不要总是在会议室里开冗长的会议，开始行动，很多问题自然就解决了。

因此，有些时候有话好好说的方式，就是用行动去解决问题。正如酒桌上经常听到的一句话："都在酒里了，我先干了。"

职场真相

向上社交：
如何处理与职场烂人、牛人的关系？

一、远离职场烂人

在职场当中远离负能量的人，远离混事儿的人，远离不聪明的人，因为他们可能会削弱你的能力、降低你的积极性。别让职场烂人的拖沓，放慢了你的速度。

二、积极与牛人为伍

你应该积极寻找职场牛人，借鉴对方在不同阶段树立的目标，学习行之有效的训练标准，让自己更加值钱。

职场的有效社交才是有用的

一、职场社交不是"认识就行"

认为认识某人就能在自己需要时得到帮助是错误的逻辑，因为社交并非单方面的索取，它遵循一种交易逻辑。

二、有效社交遵循交易逻辑

有效社交的本质，不是对方能帮你做什么，而是你能帮对方做什么。当你能够持续为对方解决问题时，你的社交才具有真正的价值。

三、建立信用而非期待回报

帮助别人是在对方心理账户上存信用，但并不意味着对方一定会回报。因此，不应期待之前的帮助能直接带来未来的回报。

工作中，如何看透一个人？

一、达到比对方更高的认知高度

当你无法看透一个人时，说明你的认知尚未达到他的水平，因此无法解码他展示出的各种外在特征。相反，当你能够看透一个人时，意味着你的认知已经超越了他，你能够理解他在特定场景下的行为和判断。

二、保持冷静与旁观者心态

在观察和理解他人时，保持冷静和旁观者心态至关重要。个人视角往往带有主观性和偏见，而冷静的旁观者心态则能帮助你更客观地分析他人的行为和态度，从而得出更准确的结论。

三、提升自我认知水平

提升自我认知水平有助于识人。只有当你对自己有了深入全面的了解，你才能以同样的深度和广度去理解他人。经历过高峰和低谷后，你会更加成熟和全面地看待他人。在识人过程中，保持冷静、不代入自己，是确保你能够全面、准确地了解他人的关键。

情绪问题的本质
　都是视角问题

CHAPTER

03

掌控情绪：

不在情绪上消耗自我

情绪问题其实是视角问题

志有定向，心不妄动，所处而安。

有了这样的视角，事情便只是事情，情绪自然也就如止水般平静了。

消解情绪的关键，其实在于转变视角。视角一变，情绪往往会瞬间消散。不信来试一试。

我要介绍的第一个方法叫作 ABC 模型。在这个模型中，A 代表某一具体事件（activating event）；B 代表你对此事的观念（beliefs）；C 代表由此造成的结果（consequences）。ABC 模型的核心观点是：情绪结果（C）并非直接由事件（A）引发，而是由你对这件事的观念（B）造成的。

《庄子》里有一篇寓言，很好地诠释了这个模型："方舟而济於河，有虚船来触舟，虽有惼心之人不怒。有一人在其上，则呼张歙之；一呼而不闻，再呼而不闻，於是三呼邪，则必以恶声随之。向也不怒而今也怒，向也虚而今也实。人能虚己以游世，其孰能害之！"

这里的"虚船"，指的是无人驾驶的船。当这艘船撞上你的船时，你并不会感到很愤怒。但如果船上有人，你喊了几声提醒他后，他还是撞上了你，那你肯定会生气。可见，让你生气的不是船撞了你，而是船上有人。这正说明影响我们情绪的并非事件本身，而是我们对事件的解读。

庄子宕开一笔，给我们开了一个更大的脑洞：如果我们在这个世界上，就像那艘无人驾驶的船一样，没有丝毫的主观看法，自由漂浮，那谁又能伤害我们呢？庄子的这句发问，振聋发聩——让我们的情绪产生波动的，并非具体的事件，而是我们对事件的解读，同时我们的视角又直接决定了我们如何解读这个事件。

我强烈推荐大家阅读《高效能人士的七个习惯》，这本书的第一章中讲了一个类似的例子：地铁上，几个男孩大吵大闹，而旁边的父亲却不闻不问，这让其他乘客都不堪其扰。后来经过一番询问，大家才知道，原来孩子的母亲刚刚去世，父亲仍沉浸在悲痛之中难以自拔，孩子也孤单无依。了解到这一情况后，众人不再责备，反而投来同情的目光。对此，作者史蒂芬·柯维点评道：我们看待事件的视角直接决定了我们周遭的世界是何模样。你消极地看待这个世界，这个世界自然就显得很灰暗；你积极地看待这个世界，你所在的世界自然也会变得积极起来。

因此，人之所以要学习，不仅是为了积累知识，更重要的是培养多维度的视角。视角的维度多了，你才能够从不同侧面去审视这个世界，从而变得更加全面。由此，可以进一步推论，如果你想通过切换视角来消解情绪，那其中一种有效的方式便是不断学习，通过学习来扩展你的认知边界。

这里所说的学习，并非仅仅指学习具体的经验知识，更指一种"内明之学"，在佛学中又称为"止观法门"。在我看来，所谓"止"，就是把一个念头放在那里，而不是让思绪随着这个念头任意飘散；所谓"观"，则是仔细端详自己这个念头是从何而来的，是否站得住脚。几番工夫下来，你便能逐渐达到朱熹所言的"志有定向，心不妄动，所处而安"的境界。

"志有定向"，主要指我们要树立高远的人生目标，不能只盯着眼前的琐事，心中要有诗和远方的田野。胸有大志，是为了耐得住烦闷。这并不是要你脱离现实去空想，而是要你拥抱真正的理想。空想是不管现实，整天做春秋大梦，希望世界按照你的意愿运转；而理想则是在认清现实的同时，不被其束缚。无论现实怎么糟糕，理想多么难以实现，心中有个念想，就能让我们保持耐心和毅力，走出眼前的困境。有了大志，心里就有了明确的主线；有了这条主线，就不会再为鸡毛蒜皮的小事糟心。像我这样一个立志成为顶尖销售的人，是不会因为几个客户的拒绝而闹心的；相反，这些拒绝恰恰是我的磨刀石，不断打磨着我的能力和心性。

"心不妄动"，主要在于我们不要总认为某人某事应该如何如何。因为，"你有你的计划，世界另有计划"——这也是万维钢老师一本书的书名。比如，不要觉得一个正常的老板应该如何如何，你的老板没有做到，你就心生波澜。如果你觉得老板怎么样都正常，是个傻瓜也正常，瞬间就会觉得心情一片澄明。反过来用万维钢老师的书名，那便是"世界有世界的计划，我有我的计划"。你我的计划不搭界是常态，偶尔搭界那真是幸运。人生不如意之事十之八九，唯有常想一二，才能活得疏朗通透。

"所处而安"，讲的是无论在哪儿都能感到舒服，不折腾，不闹心。

很多人喜欢挑事挑人，挑挑拣拣之后，不仅心情变差，还给自己设置了很多不必要的障碍。差不多就得了，先干起来再说，只要思想不退步，办法总比困难多。总是想着一口吃成胖子只会噎着自己，那些必须等锅碗瓢盆都齐了才能做饭的厨子，多半也只能把预制菜弄熟而已。

说到 35 岁职场危机，并不是说这个人一无是处，很多时候指的是他高不成低不就的尴尬处境。让他和年轻人一起干一线工作，他觉得公司不重用他，也觉得自己在体力上拼不过年轻人；提拔他，让他独当一面，他又觉得事情难做，钱也没有多挣，不如躺平。所以挑挑拣拣，实乃人生大忌。

志有定向，心不妄动，所处而安，这三者之间有着严密的逻辑关系。立了志，小事、破事就变得无所谓了，心就不会再折腾。心不折腾，自然也就不会挑拣，想的就是怎么以现状为基础，一步步把事情干好。有了这样的视角，事情便只是事情，情绪自然也就如止水般平静了。

中庸之道的松弛感

"喜怒哀乐之未发，谓之中；发而皆中节，谓之和。中也者，天下之大本也；和也者，天下之达道也。"

上一节探讨了"情绪问题其实是视角问题"，这一节探讨中庸之道的松弛感。对常人而言，若悟透了"中"字，那本事一般小不了。取中、用中，乃是中庸之道。

谈到"中庸"，需明确一点，中庸不是平庸。平庸是随波逐流，人云亦云，且往往内耗严重。而中庸则恰好相反，它意味着知道自己要干什么，不太在意别人的评价，没有情绪的内耗，只是把自己该做的事一件件踏实做好。

"中庸"二字源自《中庸》一书，虽不像《论语》那样充满入世的机敏，但全书都在强调如何涵养自己的内心。

《传习录》中记载，王阳明在得知"某人在涵养上用功，某人在识见上用功"后，曾言："专涵养者，日见其不足；专识见者，日见其有余；日不足者，日有余矣；日有余者，日不足矣。"意思是：专于身心修养的人，每天都能看到自己的不足，从而不断提升；专于知识见闻的人，则总是觉得自己比他人更有见识，于是逐渐自满，自满则导致不断退步。

在职场中，很多人往往纠结于外在事物，总想习得倚天屠龙之术，然后轻松大杀四方。此大谬矣。现实中哪有什么武功秘籍？！既然没有，盲目寻觅其踪，心情又怎能好得起来？

所以，我们要回归内心的涵养功夫，使自己即使有情绪，也不为情绪所控。一个人情绪稳定，在职场上就是靠谱的表现。那么，如何做到这一点呢？我们可以从《中庸》中的几句话出发来展开探讨。

《中庸》有言："天命之谓性，率性之谓道，修道之谓教。"儒家所讲的天命，在我看来就是人性的总和，它存在于每个人的内在，且大同小异。通过学习与修身养性，每个人都有可能成为优秀的人。你可以将此理解成，每个人的潜力和根器都是一个常数。那为什么有些人很优秀，而另一些人则很平庸呢？关键就在于他们有没有"率性而为"。所谓率性，就是想到什么就去做，不过多筹谋。因为盘算多了，天性就被蒙蔽了。

或许有人会反驳："若人人都率性而为，那这个世界岂不是乱套了？"别急，"率性"并不是指肆意妄为，率性之道亦需修炼。对此，儒家还强调了学习与教化的重要性，意在告诉我们要不断修正与提升自己。如此，无论是率性而为还是循规蹈矩，都会越来越明朗。再简单解释一下，就是随心而动，但行动后要反思，力求下一次做得更好。

这里的法门，在于将行动放在第一位，复盘与学习放在第二位，作用类似于足球队的后卫。一支球队，后卫强大顶多保证不输，但要赢球还是得看前锋的表现。而前锋需要果断行动，不过多思考，拿了球就往对方球门里攻。对于职场人来说，这种洒脱的品质很重要。

不要有那么多的情绪内耗，主打一个松弛感，更能在职场中游刃有余。

除了焦虑、彷徨等情绪内耗，我们普通人也会在喜怒哀乐的情绪中反复挣扎，这同样耗费大量精力。不过别急，《中庸》早已为我们准备好了解决方案，而这正是"修道之谓教"的系统展开。《中庸》有言："喜怒哀乐之未发，谓之中；发而皆中节，谓之和。中也者，天下之大本也；和也者，天下之达道也。"

这段话我们也可以倒过来理解，即"中"这个状态太重要了，把握住了"中"，就把握住了天下万物的根本。而"和"这个状态也很关键，有了"和"，我们做事就能无往不利。我们可以把"中"看作做事的起点，将"和"视为做事的手段。起点正确，手段也靠谱，最终的结果自然差不了。用《中庸》里的话说就是："致中和，天地位焉，万物育焉。"

顺便说一句，很多创业公司老板喜欢在办公室里挂些字画，如果下次你要送老板字画，不妨考虑"致中和"三个字。若老板能做到"致中和"，那下面的团队自然会各自归位，发挥各自的优势，生意兴隆便指日可待。

了解了"中和"的重要性后，我们再来探讨一下"中和"到底是什么。"中"，指的是在喜怒哀乐未发之时，即内心没有情绪波澜时，我们对待这个世界的态度。儒、释、道三家在个人涵养的修习中，无一不强调静坐。与"静"相对的是"躁"，躁就是心中有事，诸多烦恼相互缠绕，心绪奔腾，一件事连着一件事，情绪也随之起伏，只能掏出手机来刷抖音，以寻求短暂的平复。这种平复最多只能算是暂时的麻痹。刷了两个小时，沉浸其中，一转眼发现还有很多事没有办，于是又慌乱起来，或是开始自我攻击，苛责自己浪费了很多时间。多年前，我曾听一位高手谈做事的心态，他说理想的状态就是早上睁开眼，脑子里空空如也，没有任何情绪，清澈透亮。可能他就已经修习到了"喜怒哀乐之未发，谓之中"的境界。

那是不是说，真正的高手都没有情绪呢？其实不然。甚至这样的观点会让你内心更加焦虑，觉得自己有情绪是不对的，从而衍生出更多不必要的情绪状态。《中庸》中紧接着讲的就是"和"——"发而皆中节，谓之和"。这是情绪管理的法门。情绪其实没法被完全管理，遇到事情，谁能没有情绪起伏呢？兔子急了还咬人呢。情绪管理的核心是让情绪发泄出来，但要"中节"，节就是一个度，在这个度的范围内，就算是和。很多朋友可能会问："如何把握这个度呢？"这又是一个大问题！

在工作中，我们经常被前辈告诫，要恰如其分地把握事情的度。一种实践方法是通过科学计量，将这个度转化为具体的客观数据，例如规定自己一周发脾气不超过三次。虽然这样的方法有一定的效果，但它只治标不治本。根本还在于修炼"中"的境界，去寻找并享受"中"带来的乐趣。久而久之，"中"的境界就会形成一种内在的拉力，使你在情绪来临时能够有所约束。

管理情绪，好似给一匹烈马套上缰绳，这不免一番搏斗，属于气力之争，你越套缰绳，烈马越是反抗。相反，如能不断修习"中"的状态，好似自己成为这匹烈马，既然是马，不如去草原奔腾。还原本真，发于内心，才是最佳的情绪驾驭之道。

一言以蔽之，少想，多做，再学。少想源于本真，有了本真而美好的性情，做事自然就会"中节"得当。

课题分离，活得通透

人生二事：关我屁事，关你屁事。

这一节来谈谈"课题分离"。

课题分离，最早是心理学家阿德勒提出的人际关系概念，后由日本畅销书《被讨厌的勇气》带入国内，在一定范围内产生了深刻的影响。如果你恰好没有看过这本书，那可以把本节的内容作为这本书的导读。所谓课题分离，就是把人世间的事情分成两种，一种是我的课题，一种是他人的课题。阿德勒认为，所有让你不爽的人际关系只有两种可能：要么是你干涉了别人的课题，要么是别人干涉了你的课题。用大白话讲，要么是你吃饱了撑的没事儿去管了别人的闲事，要么别人吃饱了撑的没事儿管了你的闲事。

先来定义一下什么是"你的课题"，有了清晰的定义之后，你就有了坚不可摧的心灵防线。区分某件事到底是谁的事，主要看两个方面：一是谁为这件事承担最终结果；二是谁对这件事有控制力。回答清楚这两个简单的问题，这是谁的事、这是谁的课题就一目了然了。

比如我写文章这件事，我是写干货还是扯闲篇，谁来承担结果？

显然是我自己。那谁对文章的质量有控制力？显然还是我自己。所以写文章这件事就是我自己的课题。我想怎么写，以及写出来到底是什么样，能不能有阅读量，读者是"路转粉"，还是"粉转黑"，都是我要承受的结果。

很多内容创作者抱怨"现在的读者口味刁钻了"，或者说些"这是一个娱乐至死的年代，写干货没有流量，品位是流量的敌人，没有人愿意深度阅读了"之类的话。抒发情绪没有问题，抒发完了还是要去写作，因为不写就没有饭吃。如果真觉得是这个时代的问题，那他自己拧巴就是活该了。

文章一旦写完，读者愿不愿意读，读了有没有收获，这既不是我要承担的结果，也不是我能控制的，所以这就不是我的课题了。换言之，我不能强迫读者一定要读我写的，反过来，读者也不能逼迫我去写他想看的。

将这种思维应用到职场里，确定好某件事是谁的课题，就不会有那么多内耗。比如，很多新任的管理者总是担心下属工作无法达标，所以总要去微观管理，事必躬亲，甚至自己动手干，这其实就是课题分离做得不好，自己很累，下属也觉得被你管得死死的，你的领导还觉得你不会带队伍。反过来，我们要看到，员工的业绩就是员工自己的事情，干好干不好，这是他自己要承担的结果，而且这件事他能控制，那这就是他的课题。我们可以在他请求帮助的时候予以援手，但这始终是他的课题，不是我们的课题。

课题分离的两个标准对我们的管理工作也有很大的启示。

首先，员工是否明确知道他们是某项工作的最终责任人？要想让员工明确这一点，我们需要在制定工作目标时和员工充分讨论，细化并量化工作指标，并明确这件事做好了会有什么奖励，做不好要承担什么后果。如果这一点做得不好，员工就不会觉得他们应该为最终的结果负责，或者不清楚他们到底要为什么负责，以及具体负责什么。管理的关键不在于过程中的微观控制，而在于管理两端：一端是目标的设定，一端是绩效的评估。

其次，员工能不能对这项任务的进程产生影响？要知道，巧妇难为无米之炊。员工虽然知道了要做什么，但如果没有接受过相应的培训，或是没有足够的资源供他们调配，那他们也很难认同这项任务是他们自己的课题。因此，优秀的管理者会在和员工沟通目标之后，进一步询问："你需要哪些资源来完成这项任务？为了完成这项任务，你还需要其他辅助的培训吗？"我们要确保员工能够在相当大的程度上影响这项任务的进程，确保这将成为他们自己的课题，而不是领导的课题。所以说管理要管两端，一端目标，一端绩效，而中间的过程，我们要通过授权、辅导来支持员工完成工作。

将这两件事落实到位，其核心正是组织行为学中经常强调的责、权、利三位一体。责，就是工作目标；权，指的是对这件事能够施加的影响力和掌控力，可以理解为对资源的调配能力；利，则是最终结果的好与坏对员工个人的影响。当这三者匹配一致时，员工大概率会充满干劲地去做事，因为毕竟是在为自己做事。如果某个员工在这种情况下仍然不思进取、消极怠工，那直接按照劳动法辞退即可。

反过来，身为员工的读者，要从上述内容中学会如何有效地向上管理。在项目开始时，主动和领导沟通目标，汇报自己所需的资源，同时沟通好绩效评估标准，然后，为自己的工作结果负责。当然，有读者可能会反驳："如果我主动找领导沟通以上事宜，但领导根本不理我怎么办？"

这时，课题分离的思维就又派上了用场。说不说是你的课题，领导理不理你是他的课题。领导没办法决定你问不问，同样你也不能强迫他要听你的。这是课题分离的另一大功效：不要因那些未来不属于你的课题，现在就犹豫不决。职场中的任何沟通都是如此，比如，要不要和领导谈涨薪？当然可以谈，谈不谈在你，同不同意在他。同样，我们在拒绝别人的时候也无须内耗，他问不问在他，同不同意在我们。我们既不干涉别人的课题，也不让别人干涉我们的课题。别人内不内耗不是我们应该考虑的，我们要确保的是自己不内耗。

读到这里，大家可能会想：如果我们都如此冷静地看待世界，那么大家各自顾好自己就行了，没必要寻求合作，也没必要帮助或参与别人的事业。然而，自己顾好自己真的就能万事大吉了吗？

显然不是。课题分离更像是一种防守策略而不是进攻策略，是球队中的门将而不是前锋。不输球要靠门将的稳固防守，但要赢得比赛，则必须依靠前锋的进球。同样，在生活中，该合作时还是要合作，该帮忙时还是要帮忙，该利他时还是要利他。

如同《心经》所言："菩提萨埵，依般若波罗蜜多故，心无挂碍；无挂碍故，无有恐怖；远离颠倒梦想，究竟涅槃。"翻译一下就是，菩萨的修行之道，就是心无挂碍，不执着于任何事情。正因无执，恐惧和焦虑才无从依附，贪念、妄念亦无从生起；他们更不会把这些杂念当作必须奋斗的目标，如此便抵达了大觉悟的彼岸。涅槃境界的起点，就在于虽有心念萌生，却不被心念牵引而行。这就好比我们帮助他人，如果我们在乎的是受助者的赞赏，或认为他们必须接受帮助，甚至预设自己的帮助必然会为他们带来什么改变，那这就超出了助人的初心，心就有了挂碍。结果就是，要么不自觉地干涉了别人的课题，要么自己的课题反被他人干涉。

回到助人的发心。即我帮不帮你，是我的课题，帮助你这件事本身就能够让我心生愉悦。至于你接不接受我的帮助，或是接受之后会不会表达感谢，这些统统不是我的课题，我也无权干涉。这样的帮助就显得极为纯粹，是一种向内求的纯粹。我曾听过一句特别深刻的话："纯粹的人不会失败。"大抵便是这个道理。而在佛学中，这被称为"无住相布施"，大意是，帮了，便帮了，仅此而已。

再回到开篇我所说的"人生二事：关我屁事和关你屁事"。这话虽然粗俗，但我既然说了，就愿意承担责任。如果你因为读到这句话而不开心，那是你的选择，我也没法强迫你开心，但我可以为你的不开心而道歉。至于你接不接受我的道歉，那就不是我的课题了。看，人生是不是很简单？

但即便如此，我们也不要对世界冷漠。课题分离只是让我们更加通透，让我们的善良带有一点点锋芒，而并非要我们放弃善良。

砍掉负担，活得清爽

奥卡姆大砍刀：如无必要，勿增实体。

汉隆大砍刀：不要用恶意去揣测别人。

把人生的负担全部砍掉，真的会很爽。

前几节都在讲情绪管理，但情绪管理只是手段不是目的，目的还是要出去干点大事。本节讲两把"大砍刀"，方便我们做事时保持清醒。

前人述备时，总是用"剃刀"二字来形容这两个思想武器：一曰奥卡姆剃刀，一曰汉隆剃刀。剃刀是刮胡子的，我觉得不够霸气，遂自作主张，改成了大砍刀。

先说奥卡姆大砍刀，大致意思是，如无必要，勿增实体。大白话说就是，如果够用就先用着，没有必要把简单的事情搞复杂，即便复杂的东西貌似更好用。这其实挺反人性的，因为在职场中，很多工作都是被毫无意义地创造出的无实物表演。比如领导要月度计划，团队里总有那么几个人，非要专门为月度计划会议去开个月度计划筹备会议。开会也就算了，PPT也要"卷"出花来，似乎不来个五彩斑斓的黑，就显示不出对这个工作的重视程度。这些职场中的"既是'卷王'更是闲人"的人90%都加班,堪称加班文化的罪魁祸首。究其原因,是他们粗暴地认为解决现在问题的最佳方式是用一个更复杂的问题来掩盖一下。这样一来可以拖延时间,二来可以让更多人参与其中,最后老板问责下来就用"历史遗留问题"或者"法不责众"的理由来搪塞。这个方法堪称职场老油条的传统艺能。

应对上述问题,要善用奥卡姆大砍刀,及时叫停这些无意义的无实物表演。很多流程,只要能用,就不要复杂化;如果确实需要复杂化,一定要确保每一步的增加都能带来相应的价值。

领导给你布置了一堆任务,并且每件事都交代"很重要、很着急",你该怎么办?此时,你同样需要祭出奥卡姆大砍刀。首先,看看哪些工作是有明确结果的,能够为用户或公司带来实际价值,以及哪些工作对自己的成长是有帮助的。然后,合理安排好节奏,认真推进。对于那些完全没有意义、纯属无实物表演的工作,你要毫不犹豫地挥起奥卡姆大砍刀,以最快的速度做完,同时做好心理准备,因为领导很可能因此批评你。如果领导不依不饶,甚至要求你返工重做,那你就可以开始准备简历找下家了,千万不要浪费自己的生命去陪一个分不清轻重的领导混日子。读到这里,你是不是也同意我的看法,觉得"奥卡姆剃刀"这个名字的确叫小了?它分明是一把大砍刀。

同样,这把大砍刀还可以帮助我们应对人际关系问题,比如,某个人要不要见?某个饭局要不要参加?某次发言要不要做?如果没有特别的必要,最好将精力聚焦在最重要的问题上。记住,每个人都是自己人生剧本的主角,千万别放着主角不演,非要到别人的肥皂剧里去跑龙套。

我们再来看看第二把大砍刀——汉隆大砍刀，其核心思想在于，不要用恶意去揣测别人。换句话说，就是别总觉得"总有刁民想害朕"。不要把自己看得那么重，也不要无端将别人想得那么坏。《被讨厌的勇气》中有一个观点振聋发聩：你总觉得别人非常关注你，但实际上并非如此。每个人都在专心过自己的生活。只有你才会觉得别人像你一样，时刻关注着你。

可能有人会反驳："可是生活中就是有坏人啊，他们就是想加害于我，侵占我的利益。你这种看法太理想主义了。"

我不得不承认，这个世界上的确有坏人，但坏人只是少数；同样，绝对的好人也是少数。构成大多数的，其实是如你我这样的普通人，我们谈不上绝对的好或坏，心里或许有自己的小九九，但是在面临大是大非或捐款救灾之类的事情时，我们会毫不犹豫地做出善的选择。这才是人性的基本盘，理解这个基本盘是理解人性的前提。而且这种理解不仅不是理想主义，反而是现实主义的表现。

再来讲讲人性的第二个基本盘，其更加贴近现实主义：你周围人的素质的平均值，基本上就是你自身的素质。换言之，如果你周围都是要害你的"刁民"，那你肯定不是"皇上"，充其量只是某个山大王身边的小跟班。

我有个朋友，他在 30 多岁时就通过自己的努力实现了财务自由。有一次，他半开玩笑半认真地跟我说了这样一个现象：如果你的月薪刚够温饱，那你面临的情况很可能是这样的——因为房租太便宜了，房东大概率会斤斤计较，想天天找你的茬儿，合租的室友也很窘迫，惦记你放在卫生间的半瓶洗发水；由于长时间的通勤，地铁上能不能抢到座位至关重要，于是其他乘客就成了你的"竞争对手"；由于公司资源有限，工资也有限，一点点好处常常要争破头，同事更是恨不得有半点好处都要独吞，你的领导把你当作跟班使唤，而甲方一旦生起气来，你一定是那个"背锅"的人。我这个朋友还专门为这个现象起了一个名字叫"底层互害"。但是，如果你的月薪到了 5 万元，以上这些问题基本会消失得无影无踪。确实，钱不能解决所有的问题，人也不应该仅仅用收入来衡量自己的价值，但不得不说，50% 以上鸡毛蒜皮的问题，都可以通过钱来解决。

基于对这两个基本盘的了解，你应该能明白汉隆大砍刀的作用：与其每天担心"总有刁民想害朕"，不如把时间和精力用在提升自己的能力上。万强不如自强。当然，这条路绝对不好走，所以很多人虽然知道这条路前方光明在望，还是选择了那条同样困难重重，但可以把困难归咎于"刁民"的路。

双刀流，试一试，把人生的负担全部砍掉，真的会很爽。

情绪减负:
课题分离、砍掉负担

职场真相

提升面对职场变化的能力

一、职场中的常态是变化、是不爽

在职场中，由于经常遇到各种卡点和变化，我们时常会感到不爽，这是很正常的状态。相反，如果总是感到特别爽和舒服，往往代表我们过得很安逸，生活和工作中都缺乏挑战和成长。

二、提高对常态变化的接受度

面对职场多变导致的不爽状态，我们首先应将其视为常态，并努力磨炼自己接受这种状态的能力，习惯了以后我们的水平就会变得特别高。这种思维切换是非常重要的，它能够帮助我们更好地应对职场中的挑战和变化。

三、不舒服反而是舒服

当我们习惯了职场中的不舒服状态，并将其视为一种可接受甚至舒服的状态时，我们的能力和水平就会得到提升。因此，不要害怕不舒服，而是要学会在不舒服中寻找进步和成长的机会。

如何摆脱内卷焦虑，开辟自己的赛道

一、认识到内卷现象的普遍性和复杂性，不要过于焦虑和自责

内卷是千军万马过独木桥，"卷"不过别人是一种常态。与其过度投入和消耗自己，不如保持积极的心态，深入了解自己的优势，明确自己的领域，提升自我价值与竞争力。

二、不断学习新知识和技能，提升专业素养和综合能力

积极参与行业交流、培训和研讨会，拓宽视野，了解行业动态和前沿技术。

发掘和培养自己的独特优势，形成差异化竞争，让自己在赛道中脱颖而出。

三、路是走出来的，要敢于创新和尝试

路是走出来的，鼓励自己进行创新尝试。换个赛道不是躺平，而是挖掘自己擅长的领域，不断探索新的方法和思路。

通逻辑、达共识，
　讲好职场故事

学会表达：

高手表达都有公式

公众表达，把货倒出来

提高公众表达能力的两个手段：

1. 借鉴这一领域其他博主的话题；
2. 尝试在小范围内直接与听众交流。

---

22 岁时，我有幸代表中国参加国际公众英语演讲比赛并获得了冠军，后来还担任了中国英语演讲队的总教练。之后，我在新东方讲了十年课，教了几万名学生。再后来，我开始创业，开发了一款英语学习的 App。如今，我在抖音上做知识博主。从一开始到现在，我吃的都是"开口"这碗饭。所以，在公众表达方面，我还是积累了一些独特的见解和心得，这可以算是我本门的功夫。

所有公众表达的前提，都是你要拥有值得大家倾听的内容，并且能够用清晰的逻辑将其表述出来。实际上，这一部分更多地体现了你个人的思维和逻辑能力，而不完全是公众表达技巧。通过读书学习、复盘思考来积累知识，是公众表达不可或缺的基石。有句歇后语是："茶壶里煮饺子——有货倒不出。"但如果你没有"饺子"，那再好的工具也没法帮你"倒出来"。

过去，常有英语系的老师邀请我为他们的学生进行英语演讲比赛的培训，但我大多婉言谢绝了。原因在于，我发现这些学生虽然英语好，但知识面却相对狭窄。演讲比赛比的不是英语本身，而是脑子，这就好比中文演讲比赛比的不是谁普通话标准一样。同理，如果你发现市面上哪个演讲培训只教你吐字归音等技巧，那基本上可以拉黑了，我想我是有资格来做这一论断的。

基于上述前提，我们来看看公众表达的第一原则：你要讲大家想听但没有听过的内容。其中，"想听"是听众的需求，"没有听过"是你的价值。比如，听众想听如何读书，那你就讲如何读书，但要注意不能讲那些他们已经知道的内容。

要实现这两个看似相互矛盾的目标，可以使用下面两个手段。它们能有效提高你的公众表达能力。

第一个手段是，借鉴这一领域其他博主的话题。简言之，就是找出同类型其他博主的高赞视频或笔记，从中发现听众感兴趣、愿意参与讨论的话题，对这些话题进行深入思考，然后用自己的内容、逻辑和风格来表达它们。原创并不意味着从零开始创造一切，重要的是如何在现有话题之上添加你个人的独特视角和思考。

当然，如果你不同意某个博主的观点，这也没问题，因为真正有价值的是话题和观点本身所引发的思考和讨论，而不是听众的一致认同。听众的反对和质疑恰恰表明他们对话题的投入和兴趣，这也是我近年来做抖音博主的深刻体会。我们团队平均每天会产出7~10条短视频，这一效率可以说是行业的天花板。很多朋友都好奇我们为什么能这么高频地产出原创内容，其中的秘诀就在于，我们会选择那些已经被证明能够吸引受众的话题，并在这些话题中注入自己的见解和风格。这样一来，我们的创作流程就被大大压缩了，产出的效率自然就高。

第二个手段是，尝试在小范围内直接与听众交流。尝试用你的观点去说服他们，看看他们的反应，然后，问问他们的意见："刚才我讲的这些内容，你们觉得我需要怎么调整才能更好地说服你们？"或者，你可以邀请一个演讲能力不错的朋友到现场，帮你做一定的调整。请记住，演讲内容的准备不是一个人闭门造车就能完成的任务。

讲一个看似与演讲无关的例子。开心麻花是中国优秀的喜剧创作团队，在喜剧电影方面取得了丰硕的成果。我曾和他们的编剧探讨过关于他们核心竞争力的问题。毕竟，电影是一个投资大、周期长，且风险极度不确定的行业。面临如此大的挑战，开心麻花是如何做到创意信手拈来的呢？这位编剧的话让我恍然大悟，他说："小剧场才是我们的根本，电影只是变现的方式。"

确实，小剧场才是这些演员和观众高频接触的场域。电影里很多令人大笑的段子，不知道曾经在小剧场里上演、调整、迭代过多少次。小剧场是一次次验证这些段子有效性的地方。同样，你所看到的一场精彩的公众表达，背后也可能经过了很多次的演练。这也给了我们一个重要启示：平常人少的场合，是练习公众表达很好的时机，你可以对要表达的内容（或者叫段子）进行一次次的打磨和调整。而在人多的场合，不要尝试临场发挥，你唯一需要做的就是把之前已经证明有效的内容组合起来，再呈现一遍。

类似地，脱口秀演员也有所谓的"开放麦"场地，几十个观众聚拢在一个脱口秀演员身边。在这个小舞台上，演员们通常会尝试表演新的段子，通过观众的反应来推敲段子的呈现逻辑、停顿的气口以及铺垫的角度。相声演员亦是如此，茶馆是他们作品的摇篮。别看一场演出的观众不多，但与观众间每一次有意无意的互动，都可能成为他们创作的灵感源泉。

好的狙击手都是子弹喂出来的，同样，好的表达者都是从小场合一步步成长起来的。如果你觉得自己需要练习表达，那我觉得关键不在于你要看多少本关于表达的书、听多少节关于表达的课，而在于抓住每一次小范围公众表达的机会，比如在晨会上、在述职中去锤炼自己的表达技巧。你可以以时间为标尺，在年底做重要的述职之前，把月例会当作最佳的练习场地，同时设定一个月度目标，通过每日的晨会来练习和提升自己的表达能力。

综上所述，如果你想提高自己的公众表达能力，那你可以反复做两件事：第一，不断学习、借鉴其他博主的话题，然后尝试用自己的观点和风格去演绎；第二，先在小范围内不断打磨自己的表达，做好沉淀和准备，争取在重要的公开场合一鸣惊人。

自己的故事最有吸引力

关于讲故事的方法，主要需关注以下三个方面：

首先，整体架构上应采用"Before-after"结构；

其次，讲故事要力求具体；

最后，好的故事一定要有冲突。

在了解了听众需求之后，下面来讨论一下如何讲出新意。这就引出了公众表达的第二原则：自己的故事最有吸引力。

记得当年参加国际公众英语演讲比赛时，我的撒手锏就是讲自己的故事。我的指导老师丁言仁教授反复叮嘱我一定要讲故事，而且要讲自己的故事。因为道理大家都知道，甚至听腻了，而且最令人反感的就是一个人站在台上以教师的姿态对台下的听众指指点点。

太阳底下无新事，道理都是相通的，关键在于这些道理是如何在你的生命中体现的。你的故事之所以有魅力，是因为它是独一无二的，这件事只在你身上发生过，而且你要讲的道理，是通过这件事在你身上发生前后的对比来体现其价值和深刻性的。哲学上有种说法叫作"让哲学在你身上'发生'"，即你懂得多少先哲的道理不重要，重要的是这些道理在你身上实打实地产生了什么影响，给你带来了哪些改变。

这其实也是一个反向筛选话题的过程。如果你的观点仅仅停留在理论层面，也就是说你自己并未真正体验过这个道理可能带来的质变，那么你去谈论它可能也只是泛泛而谈。

关于讲故事的方法，主要需关注以下三个方面。

首先，整体架构上应采用"Before-after"（直译为"之前－之后"）结构。这一结构在广告中应用得很广泛，是一种非常有效的说服结构。有则广告采用的就是这种结构，大意是说：锻炼之前，爬楼费劲，腰酸背疼腿抽筋；锻炼之后，腰不酸腿不痛了，爬楼也有劲儿了。通过鲜明的前后对比，你要传达的观点将更有说服力。

再举一个工作场景的例子。假设你想向大家证明一个销售方案是可行的，那仅仅列数据、谈计划可能很难打动人。相反，如果你在制订计划的过程中走访了一线销售人员和客户，并从他们那里获得了宝贵的反馈，那么你的故事结构就可以是这样的："在进行调研之前，我认为的销售计划是……但在充分调研后，我突然发现了他们真正的痛点、他们的不易、他们的努力以及他们的创意……"为了更生动地展示，你还可以在向领导汇报时配上一些图片和对话截屏。如果后续取得了成绩，可以将这个故事续写下去，比如："3个月前，我在这里向各位领导做了汇报，随后进行了如下跟进……"接着，顺其自然地讲述这些销售人员是怎么奋进的、这些客户是怎么被打动的，以及公司的业绩是怎么提升的。这个故事可以一直讲下去，形成一个系列，并挖掘其中的"英雄人物"，最终构建一个像漫威宇宙那样的故事矩阵。

在中国，公众表达可以看"双罗"：一个是"得到"的罗振宇，一个是"交个朋友"的罗永浩。他们公开演讲的视频都值得我们认真观摩和学习。看罗振宇每年的跨年演讲，你会发现他每个板块的叙事结构基本上都是这样的：先是描述之前的情况，接着阐述发生了什么变化，然后展示现在的状况，最后分享这个变化对他个人产生的影响以及他接下来会做什么。这是一个典型的"Before-after"结构，并且这种变化在他自己身上确确实实地产生了影响。

而罗永浩那场著名的砸冰箱演讲，则运用了反向的"Before-after"结构：先是描述了购买冰箱前，他的生活是什么样的，然后对比购买之后以及在投诉冰箱厂家后是什么样的，并讲述了为何在投诉之后要采取如此激烈的行动。

这二位的很多演讲，无论是跨年演讲还是产品发布，其主线几乎都是对自己过去一年工作的总结。他们都是基于特定的事件，通过对比之前和之后的自己，来凸显事件的重要性和事件背后的道理。

所以，讲故事时，如果你只能运用一个结构，那就是"Before-after"结构。

其次，讲故事要具体。只有具体才能生动，只有生动才能吸引人。所谓具体，其实就是把5W1H的要素加进去，分别是 who（谁）、what（怎么了）、where（在哪儿）、when（什么时候）、why（为什么这样）、how（怎么样了）。比如，与其说"我们做了一次用户调研，取得了这样的数据"，不如说"我们在一个稀松平常的下午，做着例行的客户调研工作，但是今天遇见的这位 70 多岁的老奶奶让我们无比感动，让我们觉得自己的工作意义非凡……"我相信这样的开头，一定能让很多原本注意力涣散的听众立刻打起十二分精神。这就是具体的力量。

大家可以把"双罗"演讲的视频找出来，看看那些之前你只是觉得有趣的部分，是不是从中都能找到 5W1H 的要素。这个练习我非常推荐大家去做，尤其是在我把公众表达背后的门道教给大家之后，大家就要学着用"内行看门道"的方式去看优秀的表达者到底使用了什么策略。多看几次，这些策略就可以潜移默化地成为大家能用得出去的技术。

如果不具体，有些时候也就不真实。如果你没有亲身经历过这些你要讲的道理，你就无法做到具体，那么你的表达也只是在拾人牙慧。因此，讲自己的故事也是一种倒逼，倒逼你去现场做调研，去解决真实的问题，在吸收他人经验的时候，能够不断理论联系实际，解决自己面临的问题。说到底，这就是一个将信息转化为知识、将知识转化为认知、将认知转化为智慧的不断萃取的过程。萃取出来的东西越浓缩，分享越有价值。

先有浓缩萃取，再有稀释。以前新东方经常把老师的课程分成干货和段子两大类。干货要管用，段子是帮助大家消化和吸收干货的。那下面就来讲讲稀释的问题，即如何反向设计冲突结构，让表达更加引人入胜。

最后，好的故事一定要有冲突。冲突即悬念，悬念即注意力所在。大家看电视剧应该都有一个体会，每次行将结尾的时候，往往会出现一个难以解决的问题，这个难题如鲠在喉，让你不断"追更"。

冲突分为两种：一是对比型冲突；二是困局型冲突。

先说对比型冲突。其实前文中的 Before-after 结构就是对比型冲突，另外前文举的例子，"稀松平常的下午，例行的客户调研工作"，一方面符合 5W1H 的原则，另一方面在进行对比冲突的铺垫，与后续的"70多岁的老奶奶让我们无比感动"形成了鲜明的对比。相声表演艺术中有一个技巧叫作"三翻四抖"，字面理解三翻就是做三次铺垫，四抖就是第四下把包袱抖出来。虽然这个数不一定是三，但是前面的铺垫不足，后面的反差就不够。英语脱口秀还有一种风格叫作 one-liner，一般指的是用非常短的铺垫来形成足够强的反差效果，大家可以在网上搜一些视频来观摩学习这种对比型冲突的设计。

再说困局型冲突。《金字塔原理》这本书中专门讲解了如何撰写"序言"，这里的序言不是指书籍的序言，而是指当你准备发表讲话时，应如何开头来吸引观众的注意力。书中提供了一个操作方法叫作"背景—冲突—疑问—回答"模式，这一模式也正是制造困局型冲突的方法。举个例子，我想和领导沟通讨论如何提高销售的开单率，而不要求销售必须"砸大单"，因为通过客户调研发现，大额订单客户往往是从体验低价产品开始了解我们的，然后在认同我们之后，才决定购买价格更高的产品。但如果我直接这么讲，就缺少了公众表达的设计，显得过于直接甚至有些突兀。相反，如果设计一个困局型冲突，从回答倒推出疑问，再从疑问倒推出冲突，最后落在背景上，我的表达就会显得非常巧妙。

试想，如果我给出的回答是销售应该关注开单率，而不是一味地追求砸大单，那么这个答案是由什么问题引发出来的呢？不难发现，这实际上是一线销售人员对于销售策略的疑问：他们是应该优先考虑开单，还是直接致力于砸大单？那么，这个疑问又是由什么冲突引发的呢？进一步溯源，可能是公司对销售人员的绩效考核仍然以业绩为主，而非开单的人数。再进一步追溯背景，可能会发现，这背后反映出的更深层次的问题是：在公司发展的问题上，到底应该更关注客户价值的提升，还是业绩的快速增长？

按照这个思路推理完成后，再将其按正序理顺。

背景：公司当前的核心关注点是什么？是客户价值的提升，还是业绩的快速增长？

冲突：企业在追求业绩的快速增长时，会罔顾客户价值的提升。

疑问：销售人员在面对客户时，究竟是应该优先考虑促成大额订单，还是根据客户的购买力先促成任何形式的订单？

回答：经过调研发现，很多大额订单都是在客户长期了解并认同公司的产品和服务之后才产生的。因此，公司的绩效考核不应该只关注销售业绩这一指标。

在掌握了这个模式之后，再往里面填充一些5W1H的要素，故事的主线也就形成了。

不知道大家有没有发现这里的窍门：答案你早已通过调研了然于胸，但在公众表达的环节，你还必须一开始装作不知道，从背景开始，一环一环地引导听众进入话题。这其实就是所谓的"听众友善"

原则，就像老师不能因为自己知道答案就省略推理步骤。通过背景导入，引出冲突，从听众的视角来看，这是最能接受的方式。

所以，在这里，我要分享给大家一个重要的洞察：所谓的设计，通常是高手先看到了结果，然后再倒推回去，寻找接引用户的方式。好的设计都是反向进行的。你会而他们不会的，就是你的价值所在；而你用他们会的方式去教他们，就是你的价值实现过程。但是，如果你在价值实现过程中没有使用他们能接受的方式，那么你的价值对他们来说就等于零。因此，你的核心工作在于如何有效地传递价值。

让我们再次回到公众表达的第一原则：你要讲大家想听但没听过的内容。我们可以进一步补充和完善这个原则：你要讲大家想听但没听过的内容，并且要用他们能听懂的方式来讲。

金句要具备"离场感"

如何设计金句呢？下面几种方法供大家参考。

第一种，押韵法；

第二种，行动法；

第三种，公式法；

第四种，"否定－肯定"法。

　　了解了公众表达的内容来源，也知道了如何组织材料来提升表达的吸引力，下面谈谈金句的运用。金句的最大作用在于它让表达具备了强烈的分享性，有了"离场感"。好的演讲，绝不仅仅是让听众觉得听到并听懂了他们想听但没有听过的内容，一个更为重要的金标准是，听众想要把你的演讲内容记下来，并迫不及待地想要和别人分享。这就引出了公众表达的第三原则：好的表达会让听众按照你预设的方式和路径去分享给他人。

　　分众传媒的董事长江南春曾提出过一个传播学观点：品牌的自我宣传并不重要，关键是要让用户按照你设计的方式去传播你的品牌。营销学中的一个经典案例就是王老吉的广告语"怕上火，喝王老吉"，这句话不仅实现了产品和用户之间的沟通，更成为已有用户向潜在用户介绍这款产品时会说的话。这样一来，传播力度就大了，不仅形成了自发传播，而且这种传播还没有走样。因此，金句不仅在演讲中起着画龙点睛的作用，还能让听众直接拿走使用，极大地增强了演讲的影响力。

有一次，我和字节跳动的小伙伴开会，主要的议题是内容创作者在抖音平台上的变现问题。我提到，我的抖音账号主要靠DOU+投放，简单来说就是花钱买播放量和粉丝。在总结这个商业模式的逻辑时，我发现了一个有趣的现象，于是脱口而出："抖音挣，抖音花，一分都不带回家。"大家听了笑得前仰后合，据说这句话后来还传到了抖音的最高领导层那里，成了他们内部沟通中的一句玩笑话。

那这句话是怎么生成的呢？还记得我之前提到的观点吗？所有的设计，本质上都是逆向思维的结果。其实，这句话正是我长时间运营抖音账号的体会，也是我在实际操作中得到的经验，早在公司内部成了共识。所以，与其说我用这句话作为发言的收尾，不如说我的整场发言都在为这个金句做铺垫。这个逻辑一定要弄清楚、记明白。没有谁能现场即兴发挥，舌灿莲花，一切的爆点都是设计的结果。

那么，如何设计金句呢？这里有几种方法供大家参考。

第一种方法叫押韵法。金句一定要短，在短中追求朗朗上口，如果能和仄押韵，那是最好。现在有专门的网站可以搜索押韵的词组，可以辅助你的创作。比如"最佳答案哪里找？客户调研少不了""领导能放权，下属会挣钱"，但是这种押韵词组不要用得太多，而且要注意场合，一般比较轻松的话题用这种俏皮的方式效果最佳。

第二种方法叫行动法，即把要做的事情的关键步骤用整齐划一的短句表现出来，比如很多销售团队都会用的培训流程"我说你听，你说我听；我做你看，你做我看"，因为有效且便于记忆，很多人都会直接拿起手机来拍下你的PPT。你平常可以不断去复盘做某件事的SOP，然后形成一个行为金句。

第三种方法叫作公式法，即把一个复杂的现象利用公式和数理思维形象地表达出来，让听众能迅速理解一个复杂问题中的关键要素之间的关系。比如"绝望 = 苦难 - 意义"，通过这个公式，我们能一眼看出减少绝望要么减少苦难，要么寻求意义，前者不是人为可控的，所以寻找意义就变得极为重要。这一方法需要我们在工作生活中看到复杂问题后，去分析背后的要素关系，再用公式表现出来。

第四种方法叫作"否定 - 肯定"法，即在肯定一个观点之前，先否定一个观点。比如，"没有一条道路通向真诚，因为真诚是通向一切的道路"。在创作"否定 - 肯定"结构中，一般先有肯定结构，然后向前去铺垫一个否定结构，这样效率会更高。

当然，还有很多小窍门，大家可以自己去归纳总结。谈到归纳总结，就不得不提，如果你平时没有养成关注他人话语中金句的习惯，那你就缺乏相应的积累；没有积累，你就很难创造出自己的金句。所以，还是要在平时下功夫，不断提升自己的鉴赏能力，才能提高创造能力。如果你实在想不出什么金句，可通过阅读和搜索别人说过的金句，然后加以利用。总之，有了金句，你的演讲就更有可能得到二次传播。

再谈谈金句的密度问题。一般而言，不建议全篇都是金句，这就好比一个人戴了一身首饰、穿了一身名牌一样，没有主次之分，反而容易让人找不到焦点。所以，金句出现的位置通常很讲究，要么是段落的开头，要么是段落的结尾。如果金句出现在开头，下文往往是对这个金句的展开。很多国学底子不错的人，经常用这样的方式增强自己的表现力。如果金句出现在段落结尾，那就要注意了，金句说完之后，要适时停顿。如果有PPT的辅助，这一页的PPT也要定住，即便你继续往下讲，也要让PPT停下来，让大家在视觉上留下印象，也方便他们拿出手机拍照留存。如果仅仅是口头讲述，那金句讲完之后，可以停顿3秒，环视四周，然后感叹一句"这句话真好"，再重复两遍金句，之后再做一次3秒左右的停顿，并再次环视四周。这些都是需要配齐的表演艺术和视觉艺术，否则金句的效用会大打折扣。

最后，再次建议大家找时间看看"双罗"的演讲视频，你会发现他们身后通常有一个大屏幕，只要是金句出现，这页PPT上的字符一定是少而大的，突出整体视觉的震撼性。你可能也看过一些媒体文章，配图是"双罗"之一站在舞台上，背后是一行大字，而这就是金句的二次传播。

发言不怯场的练习方法

在准备阶段，要想消除公众表达时的紧张感，可采用以下方法：

第一种，"逐字稿－大纲"法；

第二种，冥想法；

第三种，无错版练习；

第四种，录制法。

提示：后三种方法叠加使用，效果会更佳。

对于一些人来说，在很多人面前讲话是一件紧张度堪比蹦极的事情。解决这个问题的方法无他，只有多练，练多了胆子就大了。但练也是有窍门的，不能瞎练，否则不仅没有效果，反而可能让你越来越害怕公众表达。这一节，我将介绍几种消除公众表达时紧张感的方法。

第一种，"逐字稿－大纲"法。顾名思义，就是把自己要讲的话全部写出来，理顺上下文逻辑，然后进行熟读和背诵。写逐字稿时，要用口头语，不要用书面语。写完之后，要朗读几遍，调整语气和停顿。但要注意，逐字稿只是拐杖，不是你的腿。如果你自己有腿，可以正常行走，那就不需要拄拐杖。

写完逐字稿后，你还需要把逐字稿里的关键词和关键句提取出来，作为大纲，并在此基础上制作PPT。PPT的字数要少，逻辑要清晰，方便听众理解你的核心观点。稿子你写过一遍了，心里是有数的，但是不要一字不差地去背之前写的稿子。越背越紧张，越紧张越记不住。你要相信自己临场的语言组织能力。

如果，我是说如果，你一定要背，就要达到这两个标准：一是随意抽取一句，你就可以接下句；二是背出来的感觉像直接说的一样自然。没有几千遍的练习，基本是达不到这两个标准的，所以我建议，你要相信自己的语言组织能力，并且刻意训练。而且只有通过列大纲的方式，你未来才能打个腹稿就去做即席发言。

第二种，冥想法。每次练习的时候，在开始发言以前，你要在脑子里假想自己真正发言的场景，越具体越好。例如，房间有多大，听众有多少人，他们是什么样的表情，等等，越具体越好。最好是能吓得自己心跳开始加速，然后再开始自己的讲话。如果你对要讲的内容已经很清晰了，可以闭上眼讲，讲的时候脑子里要有观众的神情，要有PPT上的大纲，充分吓唬自己，让自己对紧张感脱敏。很多话剧演员、跳水运动员、短跑运动员经常做这种训练，这可以大幅度缓解真正上场时的紧张情绪。

第三种，无错版练习，即你每次练习、准备时，预先设定一个目标，比如今天我要练10遍这个稿子。那在练习的过程中，就必须从头到尾不忘词，没有特别明显的卡壳，才能算1遍；哪儿卡壳了，这遍就不算，要从头再来。这有点类似小时候玩的电子游戏，你要过很多关卡，但是你只有一条命，死了就要从头来。这种训练有助于增大练习强度，让你提高专注力，从而有效地补齐表达中的短板。如果没有完成 10 遍，那就继续练习，不吃不喝不睡觉也不要妥协。最终完成时，你会有极大的成就感并充满信心，这叫作高峰体验。有了高峰体验，紧张感自然就被消除了。

第四种，录制法，即在讲的时候同步进行视频或音频的录制。一般来说，我们很难去观察自己的动作，因而在复盘的时候也很难准确回忆出自己出问题的具体动作是什么。这时就需要记录，顶级运动员的训练都是全程跟拍的，他们的起跑姿势、发力角度等都会被逐帧分析。只有记录才能优化，记录是优化的前提。

后三种方法可以叠加使用，效果更佳。以上是在准备期消除紧张感可以使用的方法，下一节讲现场发言时，如何消除紧张感。

现场紧张感应对大法

关于现场如何应对紧张感，你需要注意以下几点：

第一，每次重要发言，提前踩点；

第二，上场前，找一个没人的地方，从头到尾把自己要讲的内容再过一遍；

第三，上场后，不要马上开始讲话；

第四，讲的时候，提醒自己要慢一点，一定要控制好语速；

第五，忘词也好，紧张也罢，都不要轻易说出来；

第六，即便紧张，也要咬牙坚持到最后。

开宗明义，直接上干货！

第一，每次重要发言，提前踩点。提前多久？一天不算多，半小时也不算少，具体时间视个人情况而定。提前去看看现场的设备，感受一下站在台上的视角，再用冥想法激活自己，这样基本上能做到心里有数，发言时问题就不会太大。

第二，上场前，找一个没人的地方，比如洗手间或楼梯间，从头到尾把自己要讲的内容再大致过一遍。这个环节的关键是：把语速慢下来。很多人喜欢临场前抓紧时间多练几遍，结果越练语速越快，这是大忌。因为上场后人往往会紧张，语速会不自觉地加快，导致别人听不进去。语速越快，不流利的地方就越明显。所以，要慢下来，做好停顿，忘词的时候也可以停一下。因此，临上场前的关键在于调整语速，找到沉稳大气的感觉。这个时候千万别再拿着稿子背了，也不差这一会儿，甚至有可能越背越紧张。记住，调整语速！调整语速！调整语速！

第三，上场后，不要马上开始讲话。可以向京剧演员学习，先站定，鞠躬，环视四周，心里默默数数，然后再开始发言。尤其是场下乱哄哄的时候，千万别马上开口，否则只会让场面更乱。如果讲话的时候台下有声响，停住，让过去（相声表演的术语）。台下越闹腾，你的声音就要越小。声大泄气，声小聚气，这很反常识和反本能，所以一定要多练。尤其是使用话筒时，声音的大小一定要控制好。诀窍就是你离话筒的距离，大致保持在你离一个人耳朵的距离。

第四，讲的时候，提醒自己要慢一点，一定要控制好语速。如果台下观众表现出无聊或不屑之情，不要直视他们。去寻找那些给你鼓励眼神的人，对着他们讲，这样你才有勇气继续下去。

第五，忘词也好，紧张也罢，都不要轻易说出来。你的紧张观众都能看到，但这并不重要，因为他们在意的是你的内容，既然已经站在台上了，那就干脆豁出去放开了讲。记住，观众付费是为了听你的内容，你只需专注于将内容保质保量地交付即可。内容完整才是王道。

第六，即便紧张，也要咬牙坚持到最后。你要告诉自己，经历过这次之后，以后任何场面你都能轻松驾驭。所有你看到的能说会道的人，都不是天生如此，而是训练使然。扛过的压力越大，人就越自信。并且，永远记住一点：紧张不是性格问题，更不是人品问题，不要总是盯着自己的缺点不放。一个人当众说话紧张，并不代表他说的话不值得听。反之，一个人再谈吐自如，如果在台上只是扯闲篇，大家也不一定愿意听。

松弛是培养幽默感的土壤

培养公众表达中的幽默感，可采用以下方法：

第一种，微笑法；

第二种，远离道具法；

第三种，角色分离法；

第四种，自嘲法。

为人幽默在公众表达中是绝对加分的。

我以前在新东方当老师，大家对新东方老师的印象通常是在一个大教室里讲着课，突然来一个段子逗得全班同学哄堂大笑。新东方的这种教学风格被其联合创始人徐小平老师概括为激情、励志、幽默。那个时候信息不发达，不像现在可以在网上找到很多脱口秀段子看。当时同学们上新东方的课与其说是在学习知识，不如说是在听一场脱口秀，顺带背几个单词、学几个语法，甚至有人讹传新东方在培训新老师的过程中，专门有培训新老师讲段子的课程。

实话实说，的确有这样的内部课程，而且讲这门课的老师水平也特别高。能给新东方这些"神人"上这门课的老师是新东方原高级副总裁沙云龙老师。此人是我见过的思考最深刻、情绪最稳定、把握人心最到位的高手。他给新老师培训的课程——课堂亮点制造，全长 2 小时，所有听课老师都能在这 2 小时中笑得前仰后合，不能自已。

言归正传，在这样的刻板印象下，我经常被问到一个问题："如何培养自己在公众表达中的幽默感呢？"

听到这个问题，我的第一反应是，你对自己的期待还挺高的。我通常会给出这样的建议：尝试变得幽默并不是一件容易的事，强行幽默可能会让自己感到尴尬，让别人也感到不适。每个人都应该对自己有一个清晰和切合实际的判断。

对于普通读者来说，如果你立志成为一个特别幽默的人，甚至是一个脱口秀演员，我非常推荐你去学习一些讲故事、制造冲突和抖包袱的方法。但是，对于公众表达的训练，我觉得在讲台上，幽默更多是一种亲切和松弛感的体现。要达到这个要求，有几个方法供大家练习。

第一种，微笑法。平时练习讲稿时，如果有条件，最好对着镜子练几次。尝试微笑着讲出内容，并录制下来。然后，垮着脸再录一遍，对比两次录音。注意，只对比声音就行，因为不用看视频你就能听出哪个是自己微笑着讲的。对，微笑是能听到的。

第二种，远离道具法。一些人容易紧张且表现死板，讲话时总喜欢躲在讲台后面，手里握着一些无关紧要的物件，比如一支笔，或者用手抠着桌子边缘。试试讲话时站在所有人面前，不让任何道具遮挡你，完全打开自己。

第三种，角色分离法。当你上台讲话时，你只是在扮演一个角色，并不是真实的你。别人评价的也只是台上发言的那个人，而不是真实的你。你越是放松，这个角色就越能够活灵活现地存在；你越是紧张，自我投射就越会影响你的松弛感。

第四种，自嘲法。这种方法就是还原你过去在某个场景下的真实心态，最好是负面的心态。一个经典的例子是作家余华回忆自己年轻时从一名牙医转岗去做县文化馆的公务员。他说："第一天上班，我发现大家要么迟到，要么缺勤，即便来了也是喝茶、看报纸、聊大天。"然后他话锋一转："来对地方了。"观众听后哄堂大笑。我们可以对这个案例进行详细拆解。

首先，要注意这是知名作家余华说的话，不是你也不是我说的。如果我们作为无名小辈说同样的话，那就不叫自嘲，而是描述真实情况。所以，自嘲式的幽默要建立在你做得还不错的情景之下。

其次，因为余华有光环，所以他所讲的一些真实、朴素甚至带有一些负面心态的话语就显得非常真实，同时带有非常强烈的反转意味。冲突和反转是幽默的重要元素。

最后，余华在抖包袱之前做了非常好的铺垫。前文中提到相声有一个技巧叫作"三翻四抖"，余华说的迟到、缺勤、喝茶、看报纸、聊大天，就是铺垫。顺着这个铺垫的逻辑走下去，预期会出现一个不甘平庸、要奋发图强的形象，没想到余华却说"来对地方了"。

在此，也借这个例子来收个尾。幽默这件事，是可遇而不可求的，但我们平常可以通过练习来提升自己的松弛感。足够的松弛恰好是幽默的土壤，有了土壤，时不时就能开出一些幽默的花花草草。

让表达听上去有逻辑

公众表达的特殊技巧：

第一，要学会大量使用结构提示词；

第二，要学会重复，并且要大量地重复；

第三，要善于运用指令，即使用简短的命令句，让听众产生特定的行为反应；

第四，要用好设问；

第五，要巧妙运用心理描述。

以声音为介质、面向一群人的即兴发言，要想听上去有逻辑，除了掌握写作中的逻辑架构，还需掌握一些特殊的技巧。

第一，要学会大量使用结构提示词。所谓结构提示词，就是"第一……第二……""首先……其次……"，这些提示词能够让听众清晰地知道你这个话题讲到什么进度。它们就好比汽车的转向灯，提示后方车辆汽车欲转弯或变道。

在演讲过程中，结构提示词发挥着类似的作用，因为听演讲不是阅读，它是一种即时听觉体验。阅读时，读者可以根据自己的节奏进行，遇到没读懂的地方可以暂停或者倒回去再读一遍。但是在演讲这一特殊场景下，信息以即时听觉的形式传递，且演讲速度也往往不是听众可以控制的。因此，根据听众友善原则，演讲者应想尽一切办法确保听众能够跟得上自己的节奏。演讲者要用结构提示词去告诉听众：这个部分我讲完了，我要进入下一个部分了，大家赶紧跟上。

对于结构提示词，你在演讲时可以大量使用。一开始自我训练的时候，可以录下来，然后在讲的时候不断提醒自己：使用结构提示词，使用结构提示词！一遍下来，你听听录音，数一数你用了多少个结构提示词，然后下一遍练习的时候，以此为基础，再增加 3~5 个。最终形成使用结构提示词的潜意识。

使用结构提示词还有一个好处，就是可以帮助你赢得一些思考和组织语言的时间。高手讲话的流利度往往就是这种逻辑感、结构感带来的，他们在讲某个话题的时候，脑子会顺着逻辑自然地组织下一个观点，中间即便有些卡壳，他们也会巧妙地使用结构提示词，一方面引导听众，另一方面为自己赢得思考的时间。

第二，要学会重复，并且要大量地重复。在书面写作中，我们对优秀作者的要求是没有废话，用词要精准，但是在演讲中，重复却是一个重要的逻辑手段。

重要的话，要颠来倒去反复讲，正着说一遍，反着还要再来一遍，这叫正反重复。

观点讲明以后，要用例子不断去印证观点，这叫例子重复。

对某个观点、概念、要求、步骤，硬生生地重复。对！就是硬生生地，没有任何技巧地重复，这叫作硬性重复。

不断地使用排比句去阐释一个概念，去带动听众的情绪，去强化听众的记忆，这叫排比重复。

为了确保听众不会听了这段忘了上段，要"一步三回头"，不断重复之前的内容和结构，这叫作回顾重复。回想一下你听过的优秀演讲，演讲者是不是会说类似的话："在我继续讲第三点之前，大家别着急，我们先回顾一下刚才讲的两点内容。"

之所以要大量使用重复，甚至你自己都觉得有些多了，还是因为演讲这一即时听觉的语言介质的特殊性。万一听众走神了呢？万一刚才那一块他们没有记住呢？万一你讲得太快，他们的笔记没有跟上呢？

与大量使用结构提示词同理，大量重复同样能为你赢得思考的时间。不知道你有没有发现，高水平的演讲者讲话流利，而且听众听起来毫不费力，这实际上是一体两面的事。如果你能够做到掰开了、揉碎了讲解你准备好的高浓度内容，听众就能轻松跟上你的节奏。如果你不"兑水"，他们吃的就是难以下咽的"干粮"；如果你适当"兑水"，他们吃的就是易于消化的"粥汤"。这也正是郭德纲曾说的，他只需带一张小字条就能上台表演的原因。演讲不仅要遵循书面写作的逻辑，更要遵循听众理解的逻辑。从这个角度来看，不"兑水"则无逻辑。

现在，我们来回顾一下前两个方法：第一个是大量使用提示结构词，第二个是不断重复自己讲的内容。这两个方法都可以帮助听众更好地理解你讲的内容，从而认同你讲述方式的逻辑。

第三，要善于运用指令，即使用简短的命令句，让听众产生特定的行为反应。

例如："大家拿笔记一下这句话！""来，看这里！""跟上我的节奏！""好，认真听！关键的步骤是……""注意！这两个概念最大的区别是……"

心理学家威廉·詹姆士曾说："没有反应就没有接受，没有相关的表达就不会产生印象——这是教师应该牢记的最伟大的格言。"如果你只是按照自己准备的提纲发言，那就变成了自说自话、自言自语。好的公众表达应当是一场互动体验，这种互动并不是指演讲者与听众一问一答，而是演讲者通过发出指令来引导听众产生行为，从而形成演讲者期待的反应。教学实践的研究表明，优秀老师和普通老师最大的区别之一，就在于课堂指令的密度。一个优秀的老师，其课堂指令的密度可以占到讲课全部内容的20%。换言之，他每说10句话，就有两句话是让学生去做出某种行为的指令。

第四，要用好设问。设问是什么呢？简言之，就是自问自答。在书面语中，设问的效果可能不是特别明显，这是因为我们阅读时往往是挑选式的，尤其是阅读高手，基本上不会逐字逐句地阅读，而是一目十行，迅速定位关键信息，就像经常在早市买菜的大妈一眼就能发现好货一样。但是，在演讲这一特殊场景下，自问自答却会产生一种神奇的效果。听众会下意识地跟随你的问题进行思考。如果你在设问之后，再停顿1秒左右，这个效果会更加明显。适时使用设问，听众会因为不断跟随你的思路而始终保持注意力集中，而这些问题会像线索一样，牵引着他们从头到尾认真听讲，效果奇佳。

如果你还想玩一些更险绝的进阶操作，可以尝试在提问之后悬置一下，不马上作答，让这个问题在听众的脑海里盘旋。你想不想知道这样做的心理机制是什么？别着急，我先讲解第五种技巧，在本节最后再为大家揭秘。

第五，要巧妙运用心理描述。这不是指演讲者关注自己的心理状态，而是指将听众的心理状态显性化。有经验的老师能够将这种方法用得炉火纯青。例如，他们会说："各位听到这儿可能觉得有些复杂，没关系，我再从另一个角度阐释一下。"这就将听众的内心戏、独白直接通过演讲者的嘴表达出来了。这样做最大的效果是让听众感受到："哇！这个演讲者真的好懂我，简直就是我的'嘴替'，是我肚子里的蛔虫，他怎么知道我就是这么想的？"

你可能会问，这种"读心术"是怎么练成的呢？方法其实很简单，进行视角切换即可。如果你觉得某个部分讲解起来很复杂，不容易说清楚，那听众一定会更难听懂。在准备稿子的过程中，你所经历的心理活动，一般也是听众会产生的心理活动。然而，在真实的演讲现场，这些心理活动往往是转瞬即逝的，因为你会按照自己说话的速度向前推进，没有给听众足够的时间去明确自己心中产生的情绪或者感受。听上去有点绕，是不是？我来举一个例子。

前文所讲的演讲技巧，最终都要通过刻意练习来掌握，其中一个重要步骤就是把自己的练习过程录制下来。这个步骤我以前也做过，虽然效果特别好，但是很麻烦，要专门录音不说，好不容易讲完了，还要重新听一遍自己讲的内容，简直就是一种酷刑。这就是我做这件事时的真实感受。而我的心理感受可能就是你们读到这里时的心理感受，所以我要把这种感受显性化，用语言表达出来。

比如，我会这样说："各位，平常练习演讲的时候，一定要录制下来，这样才能更好地复盘。听到这里，你可能会觉得：这么复杂，我能坚持下去吗？会不会真的有效果呢？我非常诚恳地告诉大家，第一次听到这个方法时，我的感受和大家是一样的。只不过当时这是老师布置的作业，我不敢违抗，只能硬着头皮去做。我想告诉大家的是，只要你尝试一两次，就会非常明显地感受到这种方法的效果。关键在于第一次、第二次，你要"耐烦"，才能取得突破。做到了，你的演讲就上道了。

"而且，你要想一想，我不可能随时随地在你身边指导你演讲，你未来还有很多的演讲要自己去做。那么，你怎么知道自己讲得好不好，哪里还有提升的空间？只能通过这个方法！再进一步想想，台下的痛苦准备和台上的当众出丑，哪一个你更不能忍受？台下的痛苦准备和台上的挥洒自如，哪一个是你最终希望看到的？"

学会将自己的感受投射到听众身上，再用自己的嘴把预设的听众心理活动显化出来，这是演讲中的一种重要技巧。

至此，第五种方法已经讲完了。还记得我刚才留下的一个问题吗？为什么在演讲中适时地"埋"下一个问题，听众就会一直紧跟你的讲话，时刻保持专注呢？其实，以上五种方法，与其说是公众表达技巧，不如说是听众心理学之法——只有当听众能够跟上你讲的节奏，思考你提出的问题，理解你传达的信息，并记住你所讲的要点时，你演讲的所有其他内容层面上的逻辑才能在他们的脑子里真正发挥作用。

因此，一定要好好练习以上方法，这是一套心法，一套读人的心法。古人云："人同此心，心同此理。"对于人心的把握，是演讲的精髓所在。

公众表达的部分，我就此收尾了。诸君可以用以上篇章作为指南，去分析和拆解顶尖演讲高手的表达技巧，也可以借此来改进自己的表达。祝愿各位在这个表达者的时代，收获自己在聚光灯下的风采。

怎么汇报，换资源与机会

汇报怎么做：

首先，汇报之前自己要先想明白；

其次，汇报的内容必须有序安排；

最后，对于领导提出的问题，你要做的是听清楚问题，并保持平和的心态。

提示：汇报后要及时跟进。

职场上做汇报的确是个挑战。怎么讲，讲完之后怎么应对领导的提问，汇报之后的工作如何开展，怎么把汇报当成一次目标对齐、资源协调的机会，都是我们应该了解并学习的。

首先，汇报之前自己要先想明白。

其次，汇报的内容必须有序安排。这里就要祭出大家耳熟能详但是仍旧值得再次提及的金字塔原理。金字塔原理的第一要务是结论先行，这么做的底层逻辑，也是汇报准备时要牢记于心的，便是听众友善原则。如果你不把结论放在开头，听众对你下面要讲的内容就完全没有头绪，只能自行揣测，这个过程非常消耗心力。如果听众没有猜出你的想法，他们自然也就没有耐性，可能还要怪你逻辑不好。因此，在汇报的时候不能顾左右而言他，应直击主题，开门见山。

即便这么说，很多朋友仍然不知道汇报时哪个板块应该前置。我在辅导学员时发现，很多人愿意把分析现状前置，他们会开宗明义："今天我的汇报分为几个部分，首先我来分析一下现状，以便大家知道背景之后，再来讨论后续的改进措施。"这样说的确开宗明义了，但是整个汇报的重点还是在之后的改进措施，而非现状分析。因此你会发现，与其说是结论先行，不如说是重点先行，而重点不是你觉得什么是重点什么就是，而是听取汇报的人认为的重点。

如果揣测不出听汇报的人到底想先听什么，你可以先列出大纲，然后问问众人的意见："各位领导和同事，你们想先听哪个部分？"这种开场方法可以称为"点菜法"。或者你可以说："我先来分析一下现状，如果各位有问题，随时打断我，如果觉得这个部分可以略讲，也可以告诉我。"这可以称为"品鉴法"。

不管是"点菜法"还是"品鉴法"，都需要你对整体汇报内容清晰了解，并且对每一个板块了然于胸，方便听众随调。这样一来，听众好似手里拿了一个遥控器，想暂停的时候暂停，想快进的时候快进，可想他们有多爽。

另外，在汇报之前，可以将自己做的 PPT 或者文档发给领导和与会者，让他们能够提前翻阅，对你整体的汇报结构有一个预期；有了预期，他们心中期待的详略也会跟着你的汇报做相应的调整。据说字节跳动开会有个规矩，开会前要把汇报的大纲发给与会者，大家都先静默 5 分钟，各自阅读完材料，再开始开会讨论。此法可以借鉴。

总之，要么提前询问一下听众想听什么，要么现场给他们以选择，这两种策略都是符合听众友善原则的。

再补充一点，在职场中，我们时不时会遇到述职或者评选等考核性汇报，自己认真准备自然不必多说，更为重要的是要提前和领导或者评委做沟通。这不是让你去走后门，而是要了解评比的规则，以及他们对什么内容是最为关注的。如果评委不愿透露，或者你不清楚谁是评委，那么我建议你只要公司有这样的选拔性、考核性汇报，你都应该主动报名参加，同时在别人汇报的时候仔细听，认真做笔记，再对照会后领导的点评和排名，分析出背后的评选逻辑与标准，用作自己下次汇报的参考资料。千万别一句"黑幕"或者"领导就喜欢拍马屁"便一笔带过。另外，也可以在评比汇报之后，找到领导询问改进意见，这也是一个了解规则和需求的契机。

说完汇报内容的次序安排，再说说汇报时长。关于时长，短了，领导会认为你准备得不充分、不认真；长了，领导又会觉得你抓不住重点，没有条理。丘吉尔有句名言："好的讲话，应该如同姑娘的裙子，足够长才不走光，但是要足够短，才有吸引力。"在我看来，高手的汇报是可长可短的。准备的方式有两种：第一种是按照长的去准备，开始汇报时用"点菜法"和"品鉴法"让听众掌握时间长短；第二种是先按长的准备，然后把重中之重截取出来，做成一个短的汇报，讲完之后，如果听众有疑问，可以再做问答。因为你对内容已经心中有数，所以问答之时自然也就处乱不惊。

最后，对于领导提出的问题，你要做的是听清楚问题，并保持平和的心态。领导的提问，无非三种情况：一是针对细节进行的追问；二是指出问题的反问；三是"刁难"你的诘问。

不管面对哪种，你首要做的都是听清楚问题，放平心态。你只有稳住，才能判断出领导的意图，照方抓药。

先说对于细节的追问。领导一般没有你对具体情况了解得多，所以各种关于你观点的细节，他要先弄清楚才能做判断。我给你的第一个建议就是照实说，不要谈你的感受和想法，要说具体的数据和事实。回答一定要简略，不要长篇大论，争取5句话讲完，等着他来追问。他一定会追问的，你放心。如果你在回答问题的时候，领导打断了你几次，你一定要引起注意，这多半是因为你不仅讲得多，而且没有讲到点子上。这里涉及一个会话心理学的机制：如果提问者没有得到想要的答案且你回答得比较简短时，他会认为责任是在问题没有问清楚上，他一定会重新设计问题。但是如果你讲了一堆，他却没有得到有效的信息，那他就会认为是你没有听懂问题或者没有想清楚。

回答进行了两三个轮次之后，你一定要询问一下领导："您需要做什么判断吗？我可以给您提供信息。"也就是说，你要敢于向领导发问。你要知道领导到底是什么意图，才能知道你讲什么他才会觉得有用，是吧？这种对话策略在平常沟通和谈判当中都是可以运用的，只要是在对方不断问你问题的时候，你都可以停下来问他需要什么，这样你能给他提供更准确的信息来帮他做出判断。

同时，领导在听你回答时的表情，有助于你判断是不是第一种情况。如果他的表情是认同的、满意的、恍然大悟的，说明他只是需要更多的信息来辅助判断。即便他提出了一些有挑战性的问题，或者问得的确让你觉得略显尴尬，这也无伤大雅，你只需要告知领导："这个问题我准备得不够充分，思考得不够细致，我记下来，随后给您做详细的汇报。"因此，这里还有一个细节上的操作，即在汇报的时候，一定要拿纸笔，用电脑和手机效率都不是很高，电脑有可能正在投影 PPT，来回切换很麻烦，拿手机又显得很不正式。

第二种情况说明领导已经听出了你汇报的问题，这些问题往往是工作层面的，不是态度层面的，这是一颗定心丸。此时，你没有必要做过多的阐释，因为阐释听上去会像解释。尤其在一堆人开会的时候，按照常规还是要给予领导充分的尊重，此时应立刻"认怂"，开始记笔记。通常领导在反问之后，会有自问自答的长篇大论，你认真听就行。或者领导可能酝酿得也不充分，同时也不愿意越俎代庖，那么你照样可以套用上文的句式，给领导一个准确的时间表，后续思考清晰了再做一次汇报。大家不需要在场面上弄得紧张。

第三种情况其实很容易识别，就是领导专门拣不重要的问题追问你，而且语气也差。此时的回答和汇报已经没有什么太大的关系了。你唯一需要做的就是平复情绪，不要走心，领导也没有必要当着一堆人甩脸色，看在他是领导的份儿上，我们要学会认怂。同时这种认怂不见得没有人气票，领导刁难得越凶，同事们对他的意见也就越大，你就越有同情票。稳住，不要回复，点头"嗯嗯"即可。我的手下发明过一个"嗯嗯率"，我自己作为情绪控制能力不佳的领导，对这种套路还是很受用的，骂一会儿自己也觉得要控制一下，否则很难收场。

讲完问答环节，还有一个环节甚至比汇报更重要，那就是事后跟进。大家要知道，职场会议的目的一般都是八个字：统一思想，采取行动。换句话说，一个好的会议要达到的效果就是心往一处想，劲儿往一处使。因此，汇报之后的跟进极为重要。

首先，在汇报中遗留的问题，你要尽快按照会上确定的时间表做出一份详细的分析报告呈交给领导，而且我建议呈交最好是在一对一的场景下。因为构建一个安全的对话环境，你和领导能说说悄悄话，先把目标对齐，深度交流一些分歧，做到对外口径一致。在下次当众汇报的时候，你其实就是领导意图的传声筒，这样的汇报效率最高。

其次，对于写汇报、写方案，大家一定不要反感。大家总觉得领导既要马儿跑又不给马儿吃草，从他那里拿点资源比登天还难。记住一个心法：资源就在方案里。你的方案写得越详细，拿到资源的可能性也就越高，因为对方案的讨论本身就是一场和领导的谈判——我有这样的方案，领导你是不是愿意放手让我去做。

最后，若在汇报中受到领导的肯定，要趁热打铁。领导点头了，你后续一定要找领导去哭穷，去谈困难、谈理想，核心的目的还是要资源、要授权。

关于汇报，我想再讲点"人情债券"的问题，尤其是在月度或者年终汇报上。汇报中要学会感谢领导和公司给的机会，要感谢兄弟部门给的支持，要把相应的功劳归到下属的身上。问题和反思都是我们自己的，但做事的方法和资料是可以跟大家共享的。这样的汇报，既赚了资源，又赚了人气。汇报是一个很好的发放人情债券的场合，未来这些债券都可以兑换为做事的资源。

首先，感谢公司和领导，这个部分要简短，多了就是拍马屁，领导听着尴尬，同事听了嫌弃。最好两三句带过，可以放在开头："上次会议之后，张总和公司给了我很多指导，我受益良多，很多的思考也都是基于之前几次的沟通，今天和大家分享。"也可以放在结尾："以上就是我的汇报，非常感谢领导和公司的支持，也希望继续给我提意见，这样我对前行的方向会更加明确。"需注意，在最后感谢公司和领导需要你的整个汇报能拿得出手，如果本身业绩就很差，不如放在前面。

其次，感谢同事和下属，多说、重点说，尤其是自己有成绩的时候，必须玩命干这事。久利之事勿为，众争之地勿往。即便是同事给你使绊子，下属给你掉链子，你也要先夸奖，再提期待。不能上去就"甩锅"，这是情商问题。

再次，问题和反思是自己的。"锅"往自己身上背，别人才不会给你"甩锅"。基于问题和反思，立刻谈下一步工作的改进计划，和大家对齐目标。

最后，学会分享经验和资料。一个好的汇报，结束之后会有一堆人管你要资料。资料不是白给的，人情债券就此拿到了手里，以后自己遇到困难再行兑换。

以上就是汇报需要注意的内容，大家用起来。

达成共识，消除分歧

汇报的核心可以概括为英语单词"ART"，其中 A 代表目标（Aim），
R 代表资源（Resources），T 代表时间表（Timetable）。

我想给这一节内容起一个英文标题："The Art of Briefing"（直
译为"汇报的艺术"）。其中的"ART"既是艺术，也是我们在向领
导汇报时可以遵循的原则。这个原则的缩写就是"ART"，三个字母
分别代表目标（Aim）、资源（Resources）和时间表（Timetable）。

若每次汇报，领导都觉得你说不清，而你则认为是领导没耐心，
那大概率你们都没有运用 ART 原则来讨论问题。遵循这个原则，汇
报效率提升自不必说，而且能够迅速达成共识，消除分歧。

首先说说目标（A），目标是汇报交流的核心，使用 SMART 原
则去明确就好。职场里就是有目标的干掉没目标的，目标清晰的干
掉目标模糊的。有了目标，情绪就少了；有了目标，资源就好搞了。
总之谈话汇报之前，想清楚你的目标，并且在汇报的过程中，不断
提及自己的目标，同时通过询问的方式去搞清楚领导的目标，然后
在你们的目标当中找到一致的地方。

我有时候开玩笑说，一个人汇报的结果其实在走进领导办公室

之前就已确定了，很多人要么是被领导临时抓去劈头盖脸一顿提问，要么就只是带着困难而不是目标去和领导讨论问题。被临时抓包，你一定要力争在沟通的初期，通过察言观色或者询问，迅速锁定领导的目标是什么。你可以学会这几句职场金句。

1. 领导，您需要我做什么？

2. 我这么理解的，您看对不对？

3. 我重复一下您的需求，您看我理解得对不对？

不要觉得这几句话是拍马屁，或者打心眼里就觉得你的领导啥也不懂瞎指挥。以上这三句话的核心目的是确认领导的目标。要知道，你再看不上的领导，职位也赋予了他重大优势——一个是信息，另一个是决策权和资源。你去找领导确认目标，本质上是获取他知道，但是你暂时不知道的信息。

如果是你主动找领导汇报，或者领导询问你下一步工作计划，请你一定要牢记两点：第一，把自己的目标说得尽可能具体；第二，你工作中遇到的困难是你自己的困难，即便领导问你有什么困难，也只是和你客气一下，你要是一股脑儿把困难都倒出来，那这次汇报的结果大概率不会好。

这里的思维转换在于，你要把困难翻译成目标。把"×××很困难、很麻烦"，翻译成"我需要×××，因为×××很麻烦"。此处的话术模板是："我需要×××，我需要×××，我还需要×××。"俗话说，会哭的孩子有奶喝，因为你不哭，妈妈就不知道你想喝奶，所以有需求要讲出来，但是别讲困难，你讲困难是"甩锅"。你讲需求的底层逻辑是你已经想好了解决方案，并且由你自己来负责这件事的解决，你现在只是需要资源而已。所以要把困难翻译成目标。

当然有朋友马上就会问："如果领导不同意给资源，我应该怎么办？"

其实领导第一时间不给资源太正常不过了，对这个世界的基本规则要有一个理解，并且你应该感到开心的是领导对你的诉求已经很清楚了，现在只是要想办法让领导给你资源。这就引出了我们要谈的第二个词：资源（R）。

领导不给资源，无非两种情况，一是他不愿意给，二是他的确没有。

先说第一种情况，他有资源，但是他不愿意给。先排除他就是要给你穿小鞋这种情况。你要知道领导的资源就是要给下属的，因为领导不能也不应该自己带着资源冲到一线做事。他一定会用他手上的资源去换下属的执行力。如此这般，他为什么还是不给呢？

原因很简单，领导的资源是拿来实现你的目标和梦想，还是实现他自己的目标？一语惊醒梦中人啊！领导有资源，但是不给你，有且只有一个原因，就是你的目标和领导的目标不一致。经济学家弗里德曼讲过一个关于花钱的笑话，他说："花自己的钱办自己的事，既讲究节约也讲究结果；花别人的钱办别人的事，无所谓节约和结果；花自己的钱办别人的事，只讲节约不讲结果；花别人的钱办自己的事，只讲结果不讲节约。"你在此基础上想想，领导（注意不是公司的大老板）给你的资源是用来实现他自己的工作目标的，毕竟是公司的资源，也不是他自己的，他不会特别考虑节约，他只需要达到他的目标，只是你没有理解领导的目标是什么而已。

所以，与其不断地阐述自己的目标是如此之重要、如此需要资源，不如问问领导，他的目标是什么。所以 ART 只是大框架，在真正汇报的过程中，可能是 A-R-A-R-A-R-T，在双方的目标、你需要的资源以及他能给的资源之间反复协商。拿不到资源，就是你对领导的目标理解不到位。

此时你要说，如果领导制定的目标是错的呢？那你就拿出实际的数据和情况和他反复沟通，直到你们达成共识，即领导重新调整了他自己的目标之后，你才有可能要到资源。除此之外，没有其他法门。有句老话："做事不由东，累死也无功。"讲的就是这个意思。

再说领导没有资源这种情况。这可能是因为有些时候，你需要的资源，领导也需要层层上报审批；或者，领导手里有一定量的资源，但是他做事很谨慎，属于不见兔子不撒鹰的主。这两种情况的底层逻辑是：他需要为你的目标和想法去承担一定的责任，他需要压上自己的职业生涯去陪你要一把。但你不必焦虑，因为以上两种情况的好处是，领导已经认同了你的想法，或者说你们的目标是一致的，你无非要做三件事去帮他分担责任和压力而已。哪三件事呢？

第一，你要尽可能把现在的真实情况进行汇总，因为顶层领导在决策的时候，他们缺的往往是一线的信息。你提供的信息越全面，他们越有可能跟你有一样的分析和判断。

第二，一定要把资源从大拆小，也把目标相应地从大拆小来匹配。比如你要 10 个人去拓展这项新业务，完成 1000 万元的年营收。那你可以先要 2 个人，然后将 1000 万元的年营收分解成第一个季度先完成 200 万元。如果商业模式跑通奏效，就再来请求匹配后续的资源。这和之前讲的 MVP 思路如出一辙。

第三，一定不要只做一个方案，要有几个备选方案，让领导在这些方案里去挑。这就是对比法。

当你完成了这些前期工作，领导拿着你的方案或者带着你，去敲响大老板办公室门的时候，他的底气会更足。一方面，你的方案就是他的方案，你的努力就是他的努力，你的优秀也是他的成绩；另一方面，由于他已经入局，即便大老板不批准资源，你的领导也会想尽办法帮你争取一些可能的便利。

最后说说 ART 中的 T，时间表。经过前面的步骤，我们已经对齐了目标，也协调好了资源，接下来在出门前，一定要记得把时间表确定下来。即便不能当场把包含所有流程的大时间表排出来，至少也要确定好马上要做的事情的截止日期，然后回去开始干活。在工作中，谁掌握了时间表，谁就掌握了主动权。不要轻易相信领导说的"尽快吧"这样的模糊表述，要给他一个具体的时间："领导，我明天下班前给您。"在定时间表的时候，尽量使用肯定句，不要用疑问句，因为疑问句得到的回复往往就是"尽快吧"，我们要在时间这件事上做到精准把控。

如果时间表在汇报过程中实在没有定下来，你收尾的时候一定要记得说："领导，我把今天的内容整理一下，明天下班前发给您。"我在定时间的时候，喜欢把节奏安排得稍微紧张一些，不喜欢给自己留太多的余量。这样做的原因有五个：第一，我接到任务后就会第一时间去处理，这样会显得我手脚麻利；第二，多要一点时间到最后通常还是会浪费，不如尽快做完，拿着结果去和领导进行下一步的沟通，这样更加高效；第三，这样我可以占据制定时间表的主动权，我可以按照自己的节奏来推进工作；第四，因为我一贯给领导的印象就是手脚麻利，所以如果我说时间太紧，那说明时间是真的紧，领导就会多给些时间；第五，前紧后松的安排更符合事情未来发展的趋势，我们对近期事情安排的准确度是最高的，你也会有这样的经验，很多突发的不可控事件通常出现在项目的中间或者末尾，让我们措手不及，所以，把一开始的节奏安排得稍微紧张一些，可以更好地应对后续的不确定性。

那如果时间真的不够用，我们该如何与领导进行协商呢？

要知道，又快又好又便宜是不可能同时存在的。所以，我们要和领导说清楚，如果时间紧迫，我们就需要更多的资源，或者需要领导降低一些标准。这时候，我们就要回到之前的目标和资源上。实际上，ART 原则并不是简单地做完这三件事就行了，而是需要在这三件事之间来回协商，可能的次序是 A-R-A-R-A-R-T-A-R-T-R-A-T……如果要资源而领导不给，就回到上文去看解法；对于目标，则要不断用 SMART 原则进行拆解。

总结一下，和领导沟通也好，汇报也好，核心都是运用 ART 原则。除此之外，一切的情绪、困难，领导的推三阻四、劈头盖脸的批评、瞎胡乱的指挥，都不重要。

同样地，如果你就是领导，或者你需要与其他部门的同事协同工作，ART 原则同样适用。

　　知道了什么是重要的，才能把一切不相关的东西从脑子里扔出去，做起事来才能轻松高效。

好的狙击手
　都是子弹喂出来的，

好的表达者
　都是一步步成长起来的

职场真相

做好三件事，快速提升口才

一、大量阅读

采用"埋书式"阅读法，比如，要求自己三天之内看多少本、一周之内看多少本，侧重难度高的书籍，要求就是在短时间内完成大量阅读，并进行心得总结。

二、背诵金句

好记性不如烂笔头。这句话说明，一些名言警句需要背下来，通过背诵内化为自己的知识，增强知识储备。

三、实战练习

多讲，多在人前讲，到人多的地方进行演讲。不要怕出丑，不要怕"社死"，几个月的时间就可以快速提升演讲能力。但所有进步，都需脚踏实地，不可急于求成。

学会提问，你的话别人更爱听

一、设计有针对性的问题

在准备演讲时，根据演讲的主题和听众的背景，设计有针对性的问题。具体、明确的问题，可以帮助听众更好地理解演讲的核心观点。

二、运用开放式问题

开放式问题是指那些不能简单用"是"或"不是"来回答的问题。在演讲中，开放式问题能帮助你了解听众的观点和想法，从而更好地调整演讲内容和方式。

三、适时提问并给予反馈

在演讲的适当时机，比如在想要讲解某个概念、案例或引导听众思考某个问题时进行提问。提问后，给予听众足够的时间来思考和回答，然后再接着演讲，给出自己的结论。

你是在为自己的简历打工

05

自我升值：

边挣钱边让自己值钱

手握自己的武器，做行走的大侠

跳槽不再是稀罕事的时代，职场人要做到三点：

首先，不断提升自己的能力；

其次，构建靠谱的人才价值网；

最后，培养"即战力"。

在当今这个时代，跳槽、换工作已不再是新鲜事。除了掌握撰写简历、把握市场行情和构建社交网络这些具体的技能，我们还需要了解以下三大特征。

第一大特征是，在以营利为目的的企业中，大部分员工不是为了现在能赚多少钱而打工，而是为了未来值多少钱而打工；不是为老板或公司打工，而是为自己的简历打工。不是所有人都会为一家公司工作一辈子。年轻的时候没有抓住换工作的机会，自身在单位也没有得到充分的锻炼，这种情况特别怕外部不确定事件的突然袭击。无论是行业发生巨大变化，还是公司自身经营出现问题，都可能导致其陷入危机。

基于这个前提，我们不难得出：在过去那个"从一而终"的时代，我们工作主要是为了公司，旨在完成领导指派的任务；而如今，我们也得为自己工作，或者说得为写出精彩的简历而努力。因此，我们应花时间精力提升自己。

很多大厂都采用 OKR 来进行日常管理，员工完全可以并且应当主动将个人的 OKR 与下一份工作所需的能力结合起来。遵循这一逻辑，大家大可在求职软件上搜寻自己心仪的职位，然后阅读岗位说明，将其中的能力要求转化为当前工作的 OKR。这样一来，当你需要寻找新工作时，你的简历更新会非常简单——因为平日的工作内容与成绩直接就能转化成简历上的亮点，甚至每隔一段时间（6~12 个月），你就可以更新一下自己在求职网站上的简历，这能极大地提升你的求职效率。

第二大特征是，同事不再是我们的竞争对手，日常的沟通和管理，不仅是为了完成眼前的工作目标，更是为了构建一张靠谱的人才价值网。当下，跳槽最有效的途径莫过于内推和猎头的协助，这就需要我们不断地拓展自己的弱关系。若现在的领导和同事，在未来的某一时间点注定会成为前领导和前同事，那我们当下看待他们的视角是否会发生变化？很多关于工作细节的争执，是不是就会显得不那么重要？如果对方是一个有能力且充满正能量的人，我们应与其保持长期的弱关系，彼此照应，即便日后不再共事，仍可以没事聚聚，互通信息。至于那些让我们不爽的同事，也只是现在的同路人而已，几年之后注定是陌生人。从这个角度看，很多不良情绪瞬间就烟消云散了。

在工作和求职过程中，校友圈和前同事圈可谓是两个最有效的资源网络。校友圈的互助，根植于那段最纯粹、无功利的青春岁月，这种美好的情感能帮助大家迅速建立起信任。而前同事圈，则提供了一种能力和职场素质的背书。一个人在压力环境下能不能保持情绪稳定，在困难面前敢不敢进行变革，这些深层次的特质，经验再丰富的 HR 在短暂的面试中也有可能判断不出。但如果有优秀的前同事推荐，即便 HR 有不同的看法，也不敢妄下判断。这也是为什么很多管理岗位很少会公开招聘，而主要是靠熟人介绍、前同事引荐。

第三大特征是，员工要有"即战力"，即在进入一家公司后，能迅速展开业务并拿到成绩。与以往相比，现在公司留给员工成长的时间和空间都大为缩减。对于外部招聘来的人，其薪水涨幅往往就是对其即战力的估值。

因此，在日常工作中，我们就要重视对即战力的培养，这包括迅速制定目标、寻求外部建议、深入现场调研用户需求以及高效协调团队与资源等多方面的能力。总之，即战力的本质就是高效解决问题的能力，就当前工作而言，我们要做的是勇于担当，不推诿、不逃避，积极把握每一个机会，高效完成本职工作，然后该休息休息，该提升自己提升自己，做一个高效能人士。这样，用人单位肯定会抢着要你，你的每一次跳槽，薪资都能得到大幅的提升。

总结一下，当下的我们，仿佛身处在一个"江湖"中，在这个"江湖"里，我们打工不是为了某个门派，而是为了手握自己的武器，做行走的大侠。面对不尽如人意的工作，面对心中期待的美好，不必忍气吞声，也不要空发牢骚，行动起来，在烦恼中修行，以困难为磨砺，相信总有美好在前方等着我们。

自身价值顶点时最值钱

最佳的跳槽时机，远早于你感到不爽之时。

或许在你最爽、最春风得意的时候，就应该着手做跳槽的准备。

什么时候才是跳槽的最佳时机呢？当你发现自己干得很不爽，就不要磨叽了，赶紧去市场上看看新机会，与其无限内耗，不如直接走人。但我这么说并不意味着不爽之时就是跳槽最佳之机。你以为我要说"应该再忍一忍"吗？恰恰相反！真正的最佳时机，应该远早于你感到不爽之时；或许在你最爽、最春风得意的时候，就应该着手做跳槽的准备。

在猎头行业，这一策略通常被称为"左坡原则"。

如果将你在某家公司的职场价值描绘成一条开口向下的抛物线，那么必有一个时刻，你会达到自身价值的顶点。如果无法突破这个顶点，你就会步入价值下滑的"右坡"。因此，从理论上讲，跳槽的最佳时机就是自身价值达到顶点之时，而这个顶点之前的上升阶段，便是"左坡"。所以，左坡原则的核心在于，你在一家公司发展得越好时，越要积极寻找外部的机会。

原因有三点。首先，当公司重用你的时候，往往会给你提供充足的资源和支持，但随之而来的期待也会水涨船高。以前新东方内部有个玩笑话：总有一年的经营业绩是完不成的，不是今年就是明年，不是明年就是后年。你今年做得好，明年的经营指标就只会升不会降。万一遇上什么风吹草动，业绩增长的压力就会非常大。

其次，当你业绩好的时候，容易树敌，至少那些嫉妒你的人往往会多而不会少。

最后，当你业绩好的时候，你会想要组建更大的团队，探索更多的新增长点。但你要知道，团队规模的同比例扩大，管理的难度是呈指数级上升的。或许 50 人的团队你能轻松驾驭，但面对 500 人的团队，可能就感到挑战重重了。毕竟，人上一百，形形色色。

当然，我并不是说你肯定应对不了这样的挑战，也不是建议你在公司器重你之时，给你的贵人和领导一记"背刺"；只是考虑到一般跳槽的准备期为 6~12 个月，这恰好为你提供了一个可以先去看看外部机会，同时兼顾内部工作的好时机。这两者并不冲突。借助你当前的上升势头，内推也好，猎头引荐也罢，都容易让你脱颖而出，对方公司的领导也乐于抽时间与你这位"外来的和尚"坐下来谈谈经。

观望机会和实际跳槽是两码事，就像做饭和吃饭是两码事一样。观望这个过程能够让你清醒地认识到你今天的成绩究竟是源于自己的本事还是平台的势能。如果市场认可的是你个人的能力，而不是只看重你来自哪家公司，那你什么时候跳槽，结果都不会太差。反之，若你突然发现外界只关注你来自哪里，而不是你做了什么，那你就应该认清现实，专心提升自身的竞争力。

总之，晴天修屋顶，这叫未雨绸缪。当你具有前瞻思维、活在未来的时候，竞争优势自然不言而喻。

　　同时，若你在当前的公司工作不顺利，仅仅是因为能力不够，那你首先要做的应是提升自己。毕竟，在一个池子里不会游泳，换个池子大概率还是不会。

你做的每一件事，可能都是在为简历打工

不要等到要找工作了，才开始写简历。

简历要平时就写，时常更新。

跳槽之际，简历至关重要。很多人在看了前文后热血沸腾、跃跃欲试，想要投上几百份简历，但却写不出来。他们不是不愿意写，也不是缺模板，而是不知道从哪里入手。写简历这件事，劝退了不少想要跳槽的人。

所以，不要等到要找工作了，才开始写简历，切莫临时抱佛脚。如果你此刻正为简历发愁，那我只能劝你下次注意，未来提前规划。当然，这次也要尽力而为，毕竟总有企业能慧眼识珠。

因此，简历要平常就写。各大招聘网站上的简历，每 6~12 个月更新一次，买个会员，这样别的公司和猎头更容易看到你。为什么是每 6~12 个月呢？因为这个时间段恰好是你写半年和年终总结的时候，你这个时候正在回顾过去，把总结上的成绩摘抄一下，就可以更新简历。如果你每个季度都做总结，那更好，就每个季度更新一次简历。

但是我想说的不是如何操作，而是背后的心法：你现在做的每

一件事，不是在为老板打工，而是在为简历打工。什么事能写到简历上，你就往死里做，写不上去的，就适当放松要求。这背后就是目标管理的活学活用。

更进一步的思考是：你可以把你期待的公司和岗位的任职要求作为你现在的 OKR 或者 KPI，按图索骥一顿干就是了。任职要求上说你要有数据分析能力，那你就想想你现在的工作里哪个部分与数据分析有关，挖地三尺也要找出来，实在没有，创造任务也要干。或者如果公司其他岗位有数据分析的活，你就去找那个同事，去无偿帮忙。你的目的是要知道数据分析是怎么一回事，你要亲自上手，拿到结果，面试的时候才不会被问住。

现在写不出来简历的朋友，或者纠结要不要辞职的朋友，赶紧先去把手头的工作按照你未来期待入职的岗位的要求，干起来！坚持一年，再做打算。有人可能会问："那前面几年的工作经历咋办？"答："HR 一般不怎么看你更早的工作经历，最多问问你从各家公司离职的原因。"

还有朋友问："如果我喜欢的职位要求学历，但我不符合，怎么办？"两个方法，第一个很简单粗暴：去考一个。这个问题和"饿了怎么办"一样，就是赶紧吃饭，别磨叽。

但是，第二个方法也很重要。你去各大招聘网站上看看，你会发现，对学历有要求的岗位，大多是一线和初级管理岗位。越是大厂越要求学历。知道为什么吗？因为这类职位是初级的，资历、经验没那么重要，但是学习能力和适应能力很重要。HR 怎么迅速判断你的学习能力？答：看学历！但中级以上的管理岗位，基本是没有学历要求的，因为学历尤其是本科学历，体现的只是你多年前高中那三年的努力而已。这都多少年过去了，你的从业经历应该能拿得出手了吧？你带过团队就是带过，没带过就是没带过，用人单位不会因为你是名校毕业的，就把一支队伍交给你带，如果你工作 10 年还是个大头兵的话。你说你学习能力强，那为什么工作 10 年还是个大头兵？所以这些岗位大多只看经验，不看学历。

如果你的学历是短板，记住：向管理层进军。先争取在本公司晋升，而不是一直当大头兵，实在不行就换个公司谋求升职。越是学历不够，越要在职场初期去卡位，迅速进入管理层，用经验打败学历，用魔法搞定魔法。

至于跳槽频繁怎么办？有空窗期怎么办？我告诉你：这些不重要！不专业的 HR 有一万个理由刷掉你，有可能他今天心情不好，就刷掉了你；有可能他起身去了趟洗手间，回来忘了，就刷掉了你。总之，你简历上前 1/3 的部分没有证明你适合这个职位的亮点，你其他的担心都是多余的。所以还是回头把前面几段再看一遍。

这可能是你看过的最短的简历写作手册。建议你再看一遍，然后照着做。

每一次面试，都要"捞"点信息

第一，准备好你对这个岗位的认知；

第二，调动好自己的能量状态；

第三，面试的心法就是真诚；

第四，任何关于能力和岗位匹配度的问题，一定要用过去的经历去回答；

第五，回答离职原因时，要意识到面试官是在避"坑"，而不是在挖掘你的亮点；

第六，面试过程中，切记话不要密、不要长，语速不要快，讲短句，回答要简洁；

第七，面试官会问你："你还有什么问题要问我？"你应该问面试官 3~4 个问题。

面试中不可控的因素非常多，HR 被赋予了较大的权力，如果他是个专业的 HR 还好，是金子应该能被看到，但是如果 HR 不太专业，你做好自己该做的也足够了，不用太去揣测他是怎么考察你的。

那么哪些是你应该做的呢？

第一，准备好你对这个岗位的认知。这个岗位需要什么样的人才，你的哪些经历和这个岗位要求是匹配的，有没有一些具体的事实和数据是可以呈现的。面试就和进鞋店买鞋一样，主打的就是匹配，没有什么好坏之分，只有合不合适。所以你把自己的案头工作做好即可，不需要有过多的担心。

第二，调动好自己的能量状态。很多人一紧张，就容易话特别多、特别密，或者防卫心理很强、听不进别人的话，或者语无伦次，和自己平常的状态判若两人。调整的方法有很多。首先是海投，你手上的面试机会越多，你对面试的不适感就会越弱；要是手上只有一个面试机会，换作是我，我也会紧张。其次，衣着打扮简单利索，一般建议不要挤地铁或者骑共享单车去面试，否则仪容仪表会比较凌乱，打个车，也花不了几个钱。骑车去酒吧，该省省，该花花。如果不是面试什么时尚行业的公司，衣着打扮还是中规中矩一些，不要有大品牌的 logo，职场着装的核心标准就是一个字：苟。没必要引起不必要的关注。

如果是电话面试，记得找一个有镜子的地方，并且信号要好，环境要安静。之所以要有镜子，就是要你看看镜子里的自己，是不是在微笑着说话，因为笑不仅是一种视觉，更是一种听觉，笑着说话是能听出来的，是一种能量满满的感觉。所以，如果你不知道如何能量满满，试着微笑说话。如果是视频面试，衣装不用说了，找一个光线比较好的地方，要亮堂，背景要整洁，尤其是头发要整理好，洗剪吹安排起来。

第三，面试的心法就是真诚。不要想着用什么话术去掩盖问题，去巧妙回答。人生大事，至拙胜至巧，遇到不会的题，坦诚告知。

专业的 HR 不会只在意你答案的正确性，他们还会看你回答这个问题时的态度和思考方法。比如麦肯锡的一道经典题目：算一下此时此刻天上有多少架飞机。真实的数量其实不重要，重要的是你估算的思路，而且这里是没有标准答案的。面试官关心的是你在遇到难题的时候，表现出来的状态和你的解题思路。

第四，任何关于能力和岗位匹配度的问题，一定要用过去的经历去回答，不要用假设的方式去应对，不要说"假如我在这种情况下会怎么做"，而要说"我曾经遇到过类似的事情，我是如何如何做的"。过往的经历是证明你有实力去应对这个挑战的最真实的证据。面试官的逻辑很简单：你做过，所以你会做。

第五，回答离职原因时，要意识到面试官是在避"坑"，而不是在挖掘你的亮点。两大"坑"不要踩：一是说自己没有清晰的职业规划，所以瞎换工作；二是表现得为人情绪化，做事不讲究。因此，即便你在上份工作中跟领导掀了桌子，你也可以从另一个角度说这是因为公司的发展规划和自己的想法不一样，经过几轮沟通，也没有好的解决方案，所以你选择了离职。

第六，面试过程中，切记话不要密、不要长，语速不要快，讲短句，回答要简洁。你若发现面试官在打断你，或者时不时表现出走神的动作，比如翻看你的简历，眼神看向别处，你就要意识到你讲多了，赶紧闭嘴。一直说话的人，会给别人留下不善于沟通、不会倾听的感受。

第七，面试官会问你："你还有什么问题要问我？"你应该问面试官 3~4 个问题。这里有两种情况，一是你的面试"糊"了，没讲到点子上，面试官要结束面试，跟你客气一下。这个时候，你通过提问，可能还能挽救一下，千万不要说"我没有什么问题了"。二是面试官觉得你表现得不错，想看看你对公司有什么疑问，或者有什么需求，他想摸摸底。那你要抓住这个机会去扩大战果。不管是哪种情况，你都应该问面试官 3~4 个问题。在这里我直接给你一个清单，也不用你抓耳挠腮地想问题了。

1. 请问咱们公司对于这个岗位具体是如何考核的？

2. 咱们公司对于这个岗位的职业上升通道是怎么设计的？

3. 基于今天的面试情况，您觉得我有什么地方是需要提升的，从而更能胜任这个岗位？

4. 通过今天的面试，您觉得我有哪些素质是基本符合咱们岗位需求的？

问题 1 和 2 关注的是岗位本身以及未来的发展情况，是我们判断这家公司是不是靠谱的标准；问题 3 和 4 有助于我们日后复盘自己应聘类似岗位的优劣势。这次不管面没面上，都要"捞"着点什么离开，获取这些信息有助于我们为下一次面试进行调整。

谈薪本质上是一种谈判

谈判有四个要素：

替换选项、底牌、期待值和第一次报价。

谈薪本质上是一种谈判，所以本节还是从谈判的角度来探讨这一问题。谈判有四个要素：替换选项、底牌、期待值和第一次报价。接下来，将这四个要素放在谈薪这一特定场景下进行分析。

先以谈涨薪为例。

对于谈涨薪，替换选项就是如果得不到期望的薪资增长，你打算怎么办。多数人的答案可能是寻找时机，考虑跳槽。既然如此，那我建议你在谈涨薪之前就行动起来，持续关注市场动态，了解心仪职位的要求，甚至可以先投几次简历试试，看看能不能争取到面试的机会。毕竟，手上有粮，心中不慌。

接下来是底牌问题。底牌往往与你有多少替换选项有关。如果你手上没有其他 offer（录用通知书）作为后盾，就有可能被领导"吃定"，因为你的底牌其实是没有底牌——就是不给你涨薪，你能怎么样？网飞（Netflix）公司的创始人在其著作《不拘一格：网飞的自由与责任工作法》中，就专门讲了这家以内容创意为核心的公司是如何招聘和留住人才的。在涨薪的问题上，网飞的做法非常独特——鼓励员工出去找工作，然后把其他公司提供的薪资水平作为公司是否给其涨薪的硬指标。在网飞公司看来，与其和员工反复拉扯，不如干脆直击本质。尽管我不建议国内的公司盲目效仿，但是作为打工人的我们，有必要理解这背后的根本逻辑。

在设计期待值时，要有多个方案和交换条件，不要总盯着底薪。比如可以考虑一下绩效奖金、年底分红、带薪年假、弹性工作时间或者公司出资的培训机会等，甚至可以考虑用同意不加薪来换升职；升职不加薪是可以接受的，原因很简单：升职意味着你的管理半径扩大了，能够积累相应的经验，而这些经验在你未来跳槽到别的公司后自然是可以变现的。

第一次报价时，一定要记得预留谈判空间，领导怎么还价是他的事，你无须为他担忧。如果你担心谈薪不成反被穿小鞋，那很可能是你的替换选项还不够多。此时应回到第一步，着手增加可行的替换选项。

在明确了谈判的四个要素后，便可以开始谈判。在谈判过程中，要学会主动让步，但要注意，让步是为了对方也能有所妥协，如果对方坚持不让，你也不要一味后退。此外，谈判结束时，桌上一定要留点糖，让大家都能满意离场。

最后，我想再叮嘱两点：首先，基于绩效的加薪是业界共识，没有一个公司能例外，毕竟你为公司多赚钱，公司自然应给你多分；其次，如果加薪无望，就谋求升职的机会，哪怕是只升职不加薪，甚至在万不得已时可以接受"无正式头衔，但有实际职务"的升职，因为我们要的是积累经验，而不是一个"领导"的虚名。

再来说说找新工作时的谈薪策略，这其实与你在公司内部和领导谈涨薪大同小异，唯一需要注意的是要把握好收尾的时机。当对方 HR 明确表示可以就薪资和你沟通，并询问你的想法时，记得在第一次报价之后，明确告诉 HR 这只是初步提议，对方可以还价。你可以说："除了薪资，我也想知道咱们公司对这个职位的发展路径和员工福利等方面是怎么安排的？"或者你可以更直接一些："我很喜欢咱们公司，但我不确定自己对薪资的期待是不是在你们的预算范围内，所以我先提了一个数，你们可以根据实际情况进行调整。"之所以要这样做，是因为一些新手 HR 可能没有谈判议价的经验，容易把对方的第一次报价视为底牌，从而直接拒绝。

在与对方 HR 拉扯几个回合后，一定要记住，不能让对方说出"我们考虑一下，然后给您答复"的话。收尾的工作一定要由你来做。你可以询问一下对方的薪资标准，然后主动收尾说："好的，我都清楚了，我先回去和家里人商量一下，然后尽快给您答复。"

为什么收尾工作一定要自己来？原因是很多 HR 可能会借这个机会来刺探你的底牌。他们可能会故意"晾"你几天，等到你忍不住主动联系他们询问情况，他们就能知道你很迫切得到这份工作，从而坚持他们上一轮提出的薪资水平，将谈判的压力转移到你身上。反之，你主动收尾，一来可以等他们进一步联系你，看看他们是不是真的对你青睐有加；二来如果对方没有主动联系你，你也可以主动打电话告诉他们你考虑的结果，这样他们也不会觉得你很迫切得到这份工作。当然，这些策略都属于"术"的层面，使用时还是要建立在你自身的强硬实力和已经拿到其他 offer 的基础上。

职场中的面子与里子

里子面子，先后而已，本末而已。

　　本节专门谈一个方法论，用来整合前面一些比较零散的技术性论述，通过归纳总结，为大家应对类似问题提供一个心法指引，帮助大家做到举一反三、触类旁通。这个方法论在我们的文化语境里很常见，即"面子"与"里子"的哲学。

　　"面子"和"里子"据说最开始说的是缝棉被、纳棉鞋时，外面的布料要华丽，有钱人家或以绸缎为面，或在面上描龙画凤；而"里子"指的是内里的棉絮。若里子不厚实，再华丽的面子也不能成为御寒之物。

　　"面子"在中文语境下还有另一层含义。经常听到有人说："看我面子，这事儿就算了""面子不要啦？能做出这种事来"。面子并非肉身，更多指向的是一个人的社会资源、人际关系和影响力等方面。简言之，脸要自己要，面子要别人给。

　　在职场当中，脸，就是你的尊严，它全凭你个人的实力和对自己的要求。该做的事情，你做到极致；不该做的事情，你坚决不做，不贪财不好色，不背后伤人，一般来说你的"脸"就保住了。但若有人对你"骑脸输出"，是忍还是不忍？答案是：没本事，就要忍；有本事，就不需要忍。本事，便是我们的"里子"。"里子"一定要厚实，要将大部分的时间和精力都用在里子的打造上。跳槽也好，加薪也罢，只要里子足够厚，别人自然就会给你面子。反之，里子不厚，就啥也不是。

再说面子，面子其实是一种影响力，来自利他和相互间的交换。没人会平白无故地给你面子；一定是你先给够别人面子，再加上自己有里子，这样当你需要动用面子时，才可以说："卖我个面子，帮帮忙。"面子本质上是一种债务关系——别人给你面子，要么是他过去欠了你的人情，要么是你现在欠了他的人情，日后需要还。前者需要你有格局，不求一时的回报；后者需要你有信用，日后定能偿还。要注意的是，不要整天将时间花在面子工程上，主打一个松弛感，既不过分走心，也不斤斤计较。

《大学》有云："物有本末，事有终始。知所先后，则近道矣。"这句话道出了高手的行事准则：高手都是能区分做事的先后次序的，都是能抓住主要矛盾的。在他们眼中，里子是本，面子是末；自强是本，尊严是末；利他是本，结交是末。抓住根本，事情便会循着世间的法则自然发生，无须费心思，更不会内耗。王阳明也曾教育他的学生，名实相对，实多一分，名就少一分。你的精力投放在哪里，决定了你是怎样的一个人。遇到烦心的人和事，先停下来想想本末的问题，这是高手的心法。

我曾看过一个视频，里面有几句话颇有道理，大意是：当你放下面子开始赚钱，说明你已经懂事了；当你能够用挣的钱赢回面子，说明你已经成功了；当你能够用面子去挣钱，说明你已经是个人物了。解释一下就是，当你放弃虚名浮华，开始追求事物本质的时候，你已经懂得一些道理了；当你能够凭借自己的能力赢得外界的认可时，你已经小有成就了；而当你能够借助这些认可去做更大的事情时，你已经功成了。

跳槽决策的困境与出路

以下四种思考模式，能够提高你的决策效率：

1. 发散思维，发现更多可能性；

2. 确定损失边界；

3. "10－10－10"模型；

4. lollapalooza 效应，直译就是"好上加好"效应。

上一节探讨了面子与里子的问题，思考一下便会发现，这本质上是一个二选一的决策问题，决策的方法是选择本质而非表象，因为选择本质，最终能把本质和表象兼而有之，这是一种高效的二选一策略。这一节，我会介绍四种思考模式，帮助有选择困难的朋友提升决策效率。

首先，选择困难往往源自目标不明晰。例如，现在有两份工作A和B，看上去薪资和发展空间都不错，你不知道选哪个好，生怕选错。这种担忧的背后是你对自身的长远目标缺乏清晰的认识，没法拿出一个明确的标准来衡量A和B。此时，你需要做的是拓宽自己的视野，不被这两个选项局限。

可以问问自己，有没有第三个、第四个选项？你要发散思维，发现更多可能性。你需要穷举所有能想到的选项，不用考虑其是否切合实际，这有助于你跳出原有的思维框架。你可以打开求职 App，看看其他心仪的公司和岗位，不用考虑自己够不够资格，或者人家会不会录用你，只需将脑子里的选项列出来，相信自己的直觉。

通过这种方法，你可能会发现工作 C 更好。此时，你可以进一步追问自己："为什么 C 比 A 和 B 好？"以我的一个朋友为例，他认为 C 工作更好的原因有两点：一是这家公司的名气更大，有助于自己建立更好的行业口碑，以后自己要是创业，可以有一个更高的起点；二是这个岗位的薪资更高，让他能够考虑在北京买房安家。

我几乎是摁着朋友的头让他做的发散思维，因为他非常沮丧地说，那家公司确实很好，但是人家不要他，因为他的第一学历不达标。我安慰他别着急，先开个脑洞再考虑后面的事。在他分析完 C 工作所有的优势后，我开始引导他进行收敛思维。我问他："A 和 B 两份工作，哪一个更能够帮你在 2~3 年后，成功应聘到 C 工作？"他恍然大悟，说一定是 A 工作。因为虽然 A 工作所在的公司规模小，但他一进去就是管理岗，而且老板直接指导他。相比之下，B 工作所在的公司规模大，但他只能从一线大头兵做起，2~3 年内升任主管的可能性并不大。

之所以要进行发散思维，是为了不囿于现实，把自己的目标梳理清晰，并建立更长远的目标。虽然这些长远目标暂时很难实现，但它们为我们的短期目标指明了方向。要知道马斯克在研发电动汽车的时候，可不仅仅是要颠覆传统的汽油车，他还有一个更远大的火星移民计划。火星上没有石油，但是可以通过太阳能发电，因此要想在火星上开车的话，只能开电动车。

朋友觉得我的决策方法很有意思，就追问我还有没有其他方法。于是我又给他介绍了一种方法——确定损失边界。当面对两个选项不知该如何选择时，我们可以先分别明确这两个选项的潜在损失边界，然后随意选择一个开始行动。若在推进过程中遇到阻碍，一旦触及预设的损失边界，就立即停下来，重新选择。

为了更具体地解释这个方法，我问朋友："A 和 B 两份工作，如果不顺利，最糟糕的结果会是什么？你能不能接受这样的情况？如果不能，你能接受的最差的情况是怎样的？"他想了一会儿回答说："A 工作的最坏结果就是这家公司撑不下去，最后不得不裁员甚至倒闭；B 工作的最差情况是我的业绩不达标，然后被解雇。我能接受被裁员，但不能接受自己因为能力不行而被解雇。"这么一分析，从损失的角度来看，A 工作似乎更为合适。

这种设置损失边界的思考方式，本质在于确定下一次的决策点。人生不是一锤子买卖，而是一连串选择组成的游戏。当我们在某个决策关头感到迷茫，不知道怎么选择时，就要主动规划下一个决策的时机，并预想自己在那个时点上能把握哪些决策因素。

在股票市场中有一个很重要的底层逻辑：买入的时机永远没有退出的时机重要。可能你经常听到关于某人抄底成功、一夜暴富的故事，但稍微动动脑子就知道，持有的叫资产，卖掉后才有现金，只有卖出资产换取现金，才能实现真正的盈利。但若没有这些暴富的故事吸引大众入市，卖家怎么能出货呢？同样，在市场下跌时，可能你常听到的建议是补仓，是持有，因为若你不补仓、不坚守，高手们又怎么变现呢？

投资高手总是逆着大众的情绪来投资的，同时，他们严格遵守投资纪律，一旦亏损达到预设边界，一定果断割肉；盈利达到一定水平，也绝不贪心，即刻离场。这些都是基于进场前对风险和收益的精心测算确定的下一个决策点的边界。

朋友听完我的介绍后仍不满足，继续追问我还有没有其他的决策方法。于是，我又向他推荐了一个叫作"10-10-10"模型的决策工具。所谓的"10-10-10"模型，说的是你在做决策的时候，可以设想一下，这个决策在10个小时、10个月和10年后可能带来的影响。

他立刻将这个模型应用到了A和B两份工作上。他沉思片刻后说："如果我选择A工作，10个小时后，我可能会开始和老板直接沟通接下来的工作要如何开展，同时了解一下团队的情况，看看每个人的优势是什么；10个月后，我应该已经完成了老板设定的1~2个目标，并且对团队成员的职责也有了清晰的分配；至于10年后，我现在还想不到那么远，不过应该不会在A公司干了，但肯定已经培养出了一批能干的员工，拉起了一支能打的队伍。而如果选择B工作，10个小时后，我可能在办理入职手续或者进行岗前培训；10个月后，我应该已经融入这个团队，了解领导的期望和风格了，并且可能在每个月的绩效考核中取得不错的成绩；但说到10年后，说实话我还不是很清楚自己在这家公司的发展路径，有可能到时候就离开去创业了。"一番分析下来，他还是倾向于选择 A 工作。

这个"10-10-10"模型，实际上是将近期、中期、远期三个时间维度作为决策的基础。对于近期，我们看的是具体的行动，主要评估的是自己的能力能否得到提升；中期则侧重于关注实际的收获和利益；至于远期，我们看重的是人生的价值和意义。这一思路遵循了事物发展的普遍规律：在初始阶段，我们关注自己是不是做了一些新的尝试，能不能实现能力的提升，最好能得到具体的反馈，避免无效的努力；大约 10 个月后，到了出成绩的时候，我们需要明确收获和利益是不是自己想要的，怕的是目标不清晰、不具体；而展望 10 年之后，我们更多思考的是自己的人生价值和意义所在，怕的是彷徨与迷失。

向朋友介绍完这三种方法后，我问他想不想学第四种，他表示"非常想"。我半开玩笑地说："那我不能白讲，无利不起早，微信还是支付宝，你得扫一扫。"他被我逗乐了，爽快地发了个 200 块钱的微信红包。收到红包后，我告诉他："其实第四种方法你已经实践过了，查理·芒格也在应用，叫作 lollapalooza 效应，直译就是'好上加好'效应。芒格在做投资决策时，会使用好几种模型来交叉验证他的想法，如果多个模型都指向同一选择，那这个选择大概率是不会错的。同样地，你使用的前三种模型都指向了 A 工作，所以选 A 咯。"

后来，这位朋友的确选了 A 工作，工作异常繁忙，这让他时不时就会遐想：如果当初选择了 B 工作，会不会轻松一些？我告诉他，那是肯定的，但如果选择 B 工作，也可能会后悔没有选择更充实、更具挑战性的 A 工作。他打趣说让我还他那 200 块钱的红包，被我果断拒绝了。我告诉他，覆水难收，木已成舟，发出的红包和做出的选择一样，都无法收回。更何况，人生本就是一场游戏，我收他的 200 块钱，未来一定会以某种方式还给他。

升职路上的误区

关于升职，人们常常陷入三个误区：一是"只要干得好，就能升职"；二是"只当专家就挺好，没必要升职做管理"；三是"升职不靠本事，全靠关系"。

误区1：只要干得好，就能升职

首先，我们要明确一点：干得好和升职之间的确有关系，但关系并不是很大。干得好肯定是领导注意到你的前提，尤其是从一线大头兵开始的升职，的确要凭"手艺"。因为当你成为小团队的负责人后，你的核心任务就是把那些业务能力不行的同事手把手地带出来。如果你自己的水平都不过关，就没有办法很好地指导他们，他们很可能也不会服你。但除了初级管理者以外的升职，比如从初级升到中高级管理岗位时，单纯的工作技能就不再是主要的考量因素了，这种转变对很多人来说都是一个巨大的挑战。

因此，如果你现在已经是一位初级管理者，那在晋升问题上，你需要重塑认知，形成以下三个关键认知：

1. 你做得好，不如你教得好；

2. 你如果不教别人，让别人干得和你一样好，那你就没有升职的可能；

3. 你要积极协助你的领导升职，或者让其他领导看到你的潜力，这样你才更有可能被继续提拔。

先来谈谈第一个认知。公司把你从一线岗位提拔上来，目的就是希望你能够将自己的一线技能迅速且有效地传授给其他同事，这样公司才能从你的升职中获得红利。如果你仍只顾自己干得好，那公司提拔你的意义是什么呢，直接把你留在一线不就行了？因此，你升职后的核心工作应是将自己的经验转化为可操作的 SOP，同时群策群力，激发团队的热情，去完成更有挑战性的目标。

在这个过程中，要把握两个关键点：一是设定一个有一定挑战性的目标，否则大家的短板和问题就暴露不出来，你的培训就无从下手；二是一定要激发团队的热情和动力，让大家看到工作的价值所在——不仅能赚到更多钱，还能学到东西。只有这样，大家才会愿意尝试突破自己的舒适区，跟你一起拼一把。

所以，你走马上任之后，首要任务就是明确领导对你的业务期望和要求。接着，你需要制定一套激励方案，并拿着这套方案与领导协商，争取必要的资源支持。随后，将这套方案与资源相结合，转化为一线团队的绩效目标，并带着大家拆解目标，鼓励他们想办法实现目标。在这个过程中，你要学会"抓两端，放中间"；不出问题不培训，出了问题再培训；培训中不批评，而是亲身示范、手把手指导。最后，即便结果没有达标，但只要超过之前的水平，就应该在物质和精神上给予团队成员适当的奖励。

绝大多数人不会选择主动成长，那些选择成长的，通常要么是受环境所迫，要么是出于对功名利禄的追求。所以我劝你不要试图逼迫大家去成长，因为他们不仅大概率不会听你的，还可能对你产生抵触心理，甚至导致团队氛围恶化。真要到了那一天，你很难向领导交代。当然，除非领导交给你的任务就是大刀阔斧地改革，不惜以人员流动为代价。

接下来，谈谈第二个认知。你总不能在小团队负责人这个位置上干一辈子，所以你需要在努力提升业绩的同时，积极培养接班人。许多人之所以升不上去，就是因为当领导想要进一步提拔他们的时候，却发现他们手下没有合适的接班人。在这种情况下，领导可能更愿意给你涨薪，也希望你继续在基层管理岗位上发光发热。这里的培养接班人，重点不是传授一线的操作技能，而是培养他们带队伍的能力。你需要将自己提升团队业绩的经验和方法论传授给他们，让他们能够复制你的成功。不知道大家有没有发现，"复制"是基层管理岗位核心的法门——先复制技术，再复制如何复制技术的技术。

第三个认知也非常重要。在把队伍拉起来之后，你若想继续升职，基本上只有两条路可走：要么助力你的领导升职，要么寻找一位能够助你升职的领导。如果你的领导长时间都没能升职，那可能意味着他陷入了停滞，他不进步，你再怎么努力都很难有更大的发展空间。所以，要学会将功劳归于领导，同时把机会留给下属，这样下属有机会成长，领导有功劳去升职，你就有机会接替他的职位。

如果以上两条路都行不通，领导实在没法给你提供足够的支持，那你就要自己去争取。你需要主动出击，遇到大场合多表现，要让其他人看到你的优秀。公司内部无论是大小会议，还是各种评比竞赛，全都报名参加，并且认真准备。结果如何不重要，重要的是提高你的曝光率，让大家感受到你的积极性和热情。如果公司内部缺乏活力，那你就将目光投向外界，参加行业活动，与同行交流，拜访商业伙伴。总之，一定要让自己动起来。

通过形成这三个认知，摒弃错误认知，你将开启职业晋升的新篇章。

误区 2：只当专家就挺好，没必要升职做管理

升职的第二个误区是，认为自己只适合当专家，不适合干管理，觉得管理他人是个麻烦事，自己不想也不需要升职。这种观点本身并没有大错，有错的是你看待这一问题的时间视角。如果再过 10 年你还能保持这样的心态，那我觉得你安心当个专家一点儿问题都没有。但实际上，随着时间的推移，伴随这种选择而来的各种问题会逐渐显现。

第一，在 20~30 岁，你可以做大头兵，凭手艺吃饭，这没问题，因为此时你周围的人和你的起点与状态是类似的。但是，当那些和你同期进入公司的同事开始升职加薪，甚至成为你的上司时，你有何感想？你可能会觉得，这个人的能力不如你，眼光也不及你，他

能升职纯粹是因为领导提议让你升职的时候，你婉拒了。你可能还会觉得，他何德何能来领导你？他业务能力这么一般，指导的也是错的，只会拍领导马屁。更糟糕的是，你觉得他一当上领导整个人都变了，对你也不像过去那样亲切热情了。以上心理感受，我相信很多人都有过，但这真的怪不了别人，因为是你自己选择了放弃升职。你不想进步，就别在别人进步的时候不服气。人的很多烦恼都来自比较。若与自己起点差不多的人比自己走得快、飞得高，很多人就会感到苦恼，但鲜有人会因此自省，多半是挑别人的理，但痛苦最终还是得自己承受。

第二，大多数公司都不是研发驱动的，专家的晋升路径往往不够明确，干十年和干一年在职业发展上可能并没有什么本质的区别。如果你不能在一线岗位上创造出别人无法替代的价值，那你未来很可能会被那些更有体力、更有冲劲，同时薪酬要求更低的年轻人取代。所谓的"35岁职场中年危机"就是这么来的。当你人到中年，没有年轻人的体力，也没有他们对工作安排的服从精神，同时还要承担更重的家庭责任的时候，你可能会后悔当年为什么没有抓住晋升的机会。

年龄是晋升的一个重要考量因素。20多岁走上管理岗位，叫"年轻有为"；30岁担任管理职务，被视为"当打之年"；但要是到了40岁还没有升职，除非你是走技术路线的专家，否则大家可能会认为你"虽稳重，但缺少冲劲"。到那时，如果你能够主动为年轻人铺铺路、帮帮忙，大家可能还会尊重你，叫你一声"师傅"；但如果你对年轻人摆老资格，那大家对你的评价一定是负面多于正面。

第三，在绝大多数公司中，薪资都和职位紧密相关。当一线员工时，你主要靠自己的技术和体力赚钱，这本质上是一种计时或计件工资，受限于你一天干多长时间、完成多少任务。管理岗位则截然不同，通过赋能和驱动下属，你能够让自己的时间产生倍增效应。例如，管理两个人，按每人每天工作8小时算，你一天的产能时长就相当于16小时；管理100个人，你一天的产能时长就是800小时。产能时长越长，你创造的价值就越多，得到的回报自然也就越高。反之，如果你只是一个一线员工，那除非你能以一敌百，否则薪资的涨幅可能赶不上货币贬值的速度。

第四，你的管理职级越高，能接触到的外部资源就越多，能自主掌控的时间也越多。当然，你可能会说，当上小团队的负责人后，自己的工作时间明明更长了，钱还比以前挣得少了，而且烦心事越来越多。别担心，这些都是转型期的必经之路，也是你升职路上的重大考验。等你穿过这个峡谷，后面会越走越顺，许多工作都可以交给下属去办。总之，你的时间变贵之后，你可以用各种资源让自己的时间变得更贵，同时让自己更轻松。相反，如果你始终是一个一线大头兵，那你大部分时间都只能被动地服从公司的安排，很难真正掌控自己的工作。

第五，如果不升职，你可能很难跳槽。通常，公司在面试时都很重视候选人具不具备相应的经验。如果你没有带过团队，那你可能很难通过跳槽直接获得一个管理岗位，往往只能从一家公司的大头兵，变成另一家公司的大头兵。正如之前在探讨跳槽时谈到的，一线岗位的招聘要求通常包含很多硬性条件，例如对学历、年龄、户籍的限定，甚至还会在意你有没有结婚、有没有生育。之所以如此挑剔，是因为一线岗位的培训门槛相对较低，而且就业市场上能胜任此类岗位的人很多。所以一些公司只能用这些千奇百怪的条件来筛选它们认为具有培养潜质的人。

然而，如果你是管理者，你的核心技能便不再是做事，而是管人。你管理过多大的团队，取得了什么样的成绩，才是面试官关注的焦点。并且，你的管理层级越高，换行业的效率也会越高。毕竟无论哪个行业，管理的本质都是相通的。掌握了管人的技巧，换一条赛道发展也能驾轻就熟。

因此，不要觉得干好本职工作就万事大吉了，人还是要有上进心。当然，我这么说可能有点不切实际，毕竟管理层的岗位有限，如果大家都想升职，那一线的工作谁来干呢？总之，这取决于你个人的想法。一念转境，好坏各半。山在那里，上山的路也在那里，但爬山的人总归是少数。

误区 3：升职不靠本事，全靠关系

关于升职的第三个误区是：升职不靠本事，全靠关系。不少人认为只有和领导搞好关系才能升职。确实，如果你和领导的关系不好，那升职会很难，但关系好也不是升职的保障。升职的核心在于：你的领导有没有上升通道，以及你如何成就你的领导。

一个简单的打通上升通道的方式，就是选择一位值得信赖的领导跟随，并协助他尽快拿到结果。

选一个靠谱的领导，首先要看他有没有雄心壮志。他是安于现状，还是本身就干劲满满？自身干劲满满是他能升职的前提。反之，如果他整日无所事事，工作也布置不清楚，很多该他做的决策他都要不断请示汇报，那他大概率是一个安于现状的领导。即便他升职，也可能只是按资排辈轮到他了。在这种情况下，你升职的速度就是由他按资排辈的速度决定的。我一直说，人生很贵，别在职场浪费，你不能用自己的青春陪他慢慢进步。

当然，这种领导也不是不能追随，关键在于他有没有给你展现能力的舞台和空间。走好自己路，不吹他人灯，他自己不想升职，但是他格局足够，愿意将年轻人扶上马送一程，这就是好领导。当然，在这种情况下，你也要物色并培养好自己的接班人，一旦有机会升职，要确保有人能接替自己继续干活。

反之，那些本身就很有野心的领导，做起事来往往雷厉风行，对你的要求自然也不会低，有时候说起话来不会那么客气。遇到这种情况，你一定要明白自己到底想要什么：是一个尊重你、压力较小的环境，还是说你想加速进步，尽快提升自己的能力。当你有了目标和计划，对外界的声音，包括领导的批评可能就不会那么走心了。不内耗，做好自己该做的事情，努力向前即可。对于这样的领导，不管你未来升不升职，是跟着他升，还是跟着别人升，都一定要给予他充分的尊重。即便日后分别，也一定要感谢他的栽培，不管你心里是不是这么想的，口头上都要把该说的话说到位。因为这种人如果心胸不够宽广，破坏性是很强的。

如果领导不靠谱，我劝你早下决心，要么换团队，要么换公司。如果暂时换不了，也不要因此内耗，更不要自怨自艾。你可以在他给你布置的工作中寻找那些对自己未来晋升或跳槽有显性帮助的部分，然后往死里干。即使他不催你，你也要主动去做。因为这种情况下唯一有效的反抗方式，就是让自己强大到可以选择离开。

选好领导之后，如何帮领导尽快拿到结果？我直接给你一个公式：结果 = 目标 × 方案 × 资源。

你要先问清楚领导需要你达成什么目标。现在市面上很多关于向上管理的课程或图书教的都是一些无关痛痒的话术，却忽略了核心的问题。或者应该说，"向上管理"这个提法本身就有问题，它把员工和领导对立了起来，但其实大家是拴在一根绳上的蚂蚱，一荣俱荣，一损俱损。作为下属，需要弄明白领导想让你干什么。这件事做好了，后续的问题就很好解决了。

如果你的领导不懂什么是目标管理，那你就帮助他懂，可以用前面讲过的 SMART 原则帮他想清楚到底需要下属去完成什么任务。如果你不这样做，将来出了问题很可能会被问责，因为你不知道工作目标，自然也不会有工作结果，没有工作结果，领导就会责难你，即便是他一开始就没有告诉你目标。换句话说，无论如何，最终承担这个后果的人都是你。所以如果你不想承受这个后果，就一定要主动把领导需要你干什么弄清楚。

知道领导给你的任务后，下一步就是准备方案并交给他。方案不要只做一套，要让领导有选择的余地，因为资源都蕴藏在方案之中，这一点之前说过。你不仅要考虑方案的可行性，更要通过精心设计的方案争取到领导手里的资源。有了资源你就可以着手制订绩效计划，让团队成员拿着你争取来的资源，结合你帮他们分解好的目标以及相应的绩效激励机制，放手去做。

在团队放手去做的过程中，你要冲锋在前，深入一线。之前说过"现场有神明"，你虽不必事事亲力亲为，但是必须了解一线实际的情况，做好信息的汇总，为团队排忧解难，同时向领导做好汇报，确保信息上通下达。每取得一点结果就要及时汇报，因为汇报的频率会直接影响领导对这个项目受重视程度的主观感受。领导都喜欢看自己的下属"出手就有"，看到成效，他们也会更愿意追加资源，资源多了，大家的干劲儿自然就更足了。

当取得阶段性成果的时候，要邀请领导亲临一线，一来是视察工作，二来也给团队成员打打气。团队成员看到领导的领导来了，士气自然就更足了。领导看到成果不错，看到成果背后的原因，看到你带领的团队兵强马壮，现场昂扬的氛围就营造起来了，你可以趁机提出下一步的工作计划，谈谈可能面临的困难，然后向领导再争取一些资源。如此，这个"结果 = 目标 × 方案 × 资源"的飞轮就被你转动起来了。

所以，日后碰到和领导沟通不畅，或是领导觉得你没有做出成果的时候，不妨用这个公式去分析一下，看看是哪个环节出了问题。同理，领导的背后也有领导，大老板的背后还有股东和重要的商业伙伴，你的团队做得好，现场能震撼人心，那么这些更高级别的领导也会愿意来看，因为你的领导也要不断向他的领导证明自身的能力。一旦高层领导认为你们的一线经验很棒，他们就会在会议上向其他同事推荐，鼓励大家学习借鉴。这样自然而然地，会有更多领导到现场来学习观摩，你的影响力也就"破圈"了，你直属领导的面子也挣足了。

更何况，你早已将团队梳理清楚，接班人也培养好了，直属领导那里给够了尊重，高层领导那边也留下了深刻的印象。这种情况下，如果有升职的机会，就会轮到你。

让下属明白什么是最重要的事

管理就是让下属明白什么是最重要的事。

2005 年，我读大二，从那年开始在新东方兼职。毕业后，我立刻就当上了主管，负责管理南京新东方学校的中学部。到 2015 年离开新东方之前，我管理过学校，做过产品研发、教师培养，还参与过全集团的公司战略制定。后来我离职创业，公司规模接近 200 人。回顾这段经历，如果用一句话概括我对管理的理解，就是网络上流行的那句："管理就是让下属明白什么是最重要的事。"

首先，作为管理者，你要意识到自己最重要的经营目标是什么。这个目标远远比一般的管理目标重要。因为经营才是目的，管理只是手段，是将经营目标有效传达并贯彻到一线的方法。为了确保经营目标制定的合理性，你需要带领团队共同开会讨论、调研用户需求、分析竞争对手、参考历史数据，并制定实施路径。这些关键环节，你必须亲力亲为，因为它们是工作顺利开展的第一推动力。只有一开始下足功夫，后续的工作才能相对轻松顺利。

其次，当你和下属就经营目标达成一致后，你要做的事情实际上就剩一件：确保下属明白什么是最重要的事。这句话有两个关键词：

一是"最重要"；二是"明白"。

先来看第一个关键词："最重要"。这里"最重要"的只能是一件事，而不能是多件。在一段时间内，每位员工都只能聚焦于那件最重要的事，其他所有工作都应该围绕这件事展开。员工们最怕的就是领导"既要又要还要"，如果多个工作目标相互矛盾，遗漏一两项就要受到批评，稍微慢一点便被催促，那员工们实在是很难取得成果。而且在这种情况下，他们多半会出工不出力。真正有才华的人不太可能长留于此，因为没谁会愿意伺候这样的领导。

这就要求你要能够分清事情的轻重缓急，并且在时间维度上比别人看得更远。这样你才能准确判断当下应该先干什么，并抱有足够的耐心，让下属能够有条不紊地把事情一件件做好。通常，那些能够掌控快节奏的领导，都是擅长将复杂任务拆解成阶段性目标的高手。他们向下属传达的指令清晰、具体，能够使团队迅速高效地执行任务。

同时，你必须认识到，自己并不是创新的发起者，千万不要今天一个想法，明天一个念头，想到什么，就立刻要求团队去执行。因为你的想法需要时间来传导，团队也需要时间来理解，理解之后还需要时间去做，做了之后还需要时间去沉淀结果。若你隔三岔五就提一个新想法，那下面的小伙伴真的会力不从心。如果你确实有很多创新的念头，或者学了很多课程，汲取了很多同行的经验，那我建议你将这些想法和经验先记录下来，保存到文件夹里。将它们当作一坛好酒，先来陈酿一下，再时不时回顾提炼，去粗取精，然后在适当的时候，从中挑出一些不错的点子，带领团队去实践。

再来看第二个关键词："明白"。如何确保下属真正明白你的期望和需求呢？这需要你做好以下四件事。

第一，要让目标和绩效挂钩。如果你每天反复强调的是这件事，但最终考核的却是另外的指标，那下属肯定会为了钱而工作，而不是为了满足你的期待。毕竟，对于一线员工来说，最后到手多少钱才是最关心的问题。例如，如果你口口声声说要提高用户满意度，但实际考核的还是销售业绩，那么下属们大概率会对你的指令置若罔闻，继续他们原来的销售策略。说到底，你考核什么，下属就关注什么。如果你确实不知道怎么提升用户满意度，那干脆直接讲明目标，比如"我们的目标就是把用户兜里的钱装到我们兜里来"，这样下属更能明白你到底想干什么。

第二，即便已经制定了绩效考核标准，你仍然要反复强调，经常开会沟通。会议应围绕"目标是什么""怎么去实现"展开。只有反复讲，时时讲，培训的时候讲，面谈的时候也讲，下属才能真正理解和领会。管理绝对不是一件设定完目标就结束的事情，而是一个反复宣导和贯彻的过程，需要耐心和毅力。没有耐心的人，是成不了好的管理者的。

第三，除了传达目标，还要鼓励团队成员多分享，可以让他们讲讲自己的目标是什么，打算如何实现它，有什么经验可以分享，以及需要你来帮助他们协调什么资源。你可以将下属每一次的分享记录下来并整理成文档，以便关注他们谈论的话题是不是你希望他们明白的最重要的事。通常，在一段时间内，如果哪个下属汇报的内容始终保持一致并不断推进，那这个下属一定要重点培养。相反，对于那些思维活跃的伙伴，可以鼓励他们把创新点子写下来，多进行 MVP 测试，用数据来支持和修正自己的想法。

第四，在每次的复盘和绩效会议上，要将"是否关注最重要的目标"作为一个独立的讲评板块。对于那些始终关注目标的人，要给予物质和精神上的奖励。毕竟，你的考核重点在哪里，大家自然就会朝着哪里去努力。

最后，如果你带的团队下面还有子团队，那你平时调研还需要关注一个层面，即你下属的下属与你对最重要的事的判断是不是一致的。这也是定期召开大型会议的重要目的之一。尽管有人说，人越多的会越不重要，但不可否认的是，大型会议在统一思想、对齐目标方面的作用是无可替代的。当然，现在先进的办公软件和管理系统，通过系统化的方式强化了员工在"目标一致"和"关注重点"方面的表现，但这恰恰进一步证明了"让下属明白什么是最重要的事"这句话的正确性。

知人善任，天下为你所用

知人善任，则天下尽为我所用。

第一，看人看优点，别总盯着缺点看；

第二，要学会用人所长；

第三，时不时找下属谈谈心；

第四，在分配任务的时候，可以让大家自行协商分工；

第五，与自己的上级领导讨论问题时，不仅要讨论事，也要讨论人。

有一个评价领导水平的成语叫"知人善任"，通常认为，一个出色的领导，往往能够"求之于势，不责于人"。在他的眼里，员工的问题不在于行与不行，而在于他们有没有被放在合适的岗位上。若责备求全，则天下将无可用之人；反之，若能知人善任，则天下尽为我所用。关于如何做到这一点，我想分享个人的一些体会。

第一，看人看优点，别总盯着缺点看。一些外在的缺点，如不努力、不奋进或不够聪明，往往只是表面现象，背后可能隐藏着令人同情的故事。其实，每个人都在努力地活着，只是由于前因不同，后果自然也不同。作为领导，要有慈悲之心，可能在你眼里他在躺平，但实际上，他已经拼尽了全力。

第二，要学会用人所长。我们日常遇见的大多是普通人，普通人要想成事，很大程度上依赖于外部的机缘。如果遇到一位能够发现他的优点，并顺势鼓励培养他的领导，那真是莫大的幸运。相反，若一个人被安排去做自己不擅长的事，那他大概率会接连遭受打击。在这种情况下，出于自我防卫的心理，他可能不再觉得是自己的能力有问题，而是认为"领导不行、公司有问题"。到最后，不管是对个人还是团队，都会造成不好的影响。试想，唐僧如果让孙悟空去挑担，让猪八戒去打妖怪，让沙僧去化斋饭，估计要不了三天，取经团队就散伙了。

因此，优秀的领导通常会严把招聘关，亲自面试每一个候选人，甚至叫上团队里的小伙伴一起面试。面试问题千千万，说到底就是为了考察候选人的优势与岗位的需求是否匹配。招聘上，一定要坚持宁缺毋滥。若招进来一个优势不明显或优势与所需岗位不匹配的人，后面可能会出现各种问题。类似于你要招孙悟空，招进来的却是猪八戒，取经这事就只能先放一放。

第三，时不时找下属谈谈心。"谈心"这个词很肉麻，没有哪个成年人喜欢把自己的心随便拿出来供他人观瞻。所以与其说是谈心，不如说是关心。可以问问下属："对于现在的工作，你最喜欢做哪个部分？你觉得做哪个部分时最有信心，成长也最快？有哪些事情是我可以帮你协调，以确保你的优势能够充分发挥的？"

值得一提的是，有些领导很喜欢说教，总想给员工提建议，"启发"他们。例如，下属说打算做 A 事，他就非要说服下属眼下 B 事更重要，要先做 B 事。但事实上，下属该先做什么后做什么，他自己最清楚，盲目的干预只会打乱他的工作节奏。

那么，在这种情况下，领导正确的做法是什么呢？这里有一个领导力技巧叫作"顺话追问法"。例如，当员工说他觉得 A 事更重要时，领导可以顺着员工的话追问："噢！真没想到！来，你展开说说……""嗯嗯，我理解你的意思了，然后呢？""好的，你接着说……"

对于领导来说，员工有没有说到你的心坎里并不重要，就像你也未必说到他们心坎里一样。关键在于，你要给他们表达自己的机会。至于他们的意见和建议，你不需要立即回应，只需在心里明确工作的节奏和方向即可。在倾听员工说话时，你的目标也不是去评判他说得对不对，要放下这种高高在上的心态，去探寻他们这么说的出发点和目的。

或者，在与员工沟通其他问题时，你可以留意他们对人、事、物的价值判断。通过一步步的追问，你通常能够发现他们对哪些领域感兴趣。而兴趣所在，往往也是他们可能擅长的领域。例如，你可以问他们："最近在读什么书呢，有没有值得推荐的？""最近 ChatGPT 挺火的，你怎么看？"优秀的领导当学狄仁杰，常问："元芳，你怎么看？"

第四，在分配任务的时候，可以让大家自行协商分工。你不必急于直接指定负责人，可以先介绍一下工作目标和任务背景，然后让团队成员自行协商分工。实际上，团队成员在分工过程中会非常在意彼此的感受，他们会询问彼此想负责哪部分工作。作为领导，你的任务就是观察他们在这一过程中的表现，看看每个人在承担任务时的状态与你平时分配任务时有没有不同。

第五，与自己的上级领导讨论问题时，不仅要讨论事，也要讨论人。虽然把事情办好是你的职责所在，但当你能够和领导坐下来讨论人选问题时，说明你在领导力方面已经登堂入室了。你可以听听你的领导对你下属的评价，并借此进一步了解领导的做事风格和人才培养计划。被领导圈定的人选，往往也是你要着力培养的对象，甚至可能是你未来的接班人。这与之前说的"要把接班人培养好，你才能升职"是一脉相承的。

总之，知人善任是领导力的必修课。只有当你不断修养德行，以开放的心态招贤纳士，团队成员才愿意或者敢于在你面前展示自己的优势和想法。这样，知人善任才不会仅仅停留在口头上。

让员工有能力完成最重要的事

没有绩效目标，就不进行辅导；若要开展辅导，必先明确绩效目标。

作为领导，绩效辅导是一项重要职责。如果说制定目标是"让下属知道什么是最重要的事"，那么绩效辅导就是让他们"有能力完成最重要的事"。

"绩效辅导"这四个字大有深意。只有当绩效和辅导相结合，才能产生想要的效果，二者很难单独起效。因此，你可以记住这句话：没有绩效目标，就不进行辅导；若要开展辅导，必先明确绩效目标。

很多领导被下属恨，其中一个原因就是管得太多，管得太细，不仅管，还要上价值，总之上到原生家庭，下到个人习惯，无一不在领导的火力半径内。这种微观管理的初心是好的：一定要把下属教好、管好，确保他们不出纰漏。但这种辅导可能一点用都没有，原因在于：辅导和绩效脱钩了。

为了形象地说明这一点，我来举一个家庭教育的例子。想象一下，一个家长是每天都对着孩子絮叨几句管用，还是在期末考试后根据成绩来教育孩子管用？显然是后者！如果每天都说教，孩子都听麻了，家长累不说，还没有效果。如果等到期末考试成绩出来之后，再根据成绩批评教育，那不仅有理有据，孩子也心服口服。批评之前还可以问问孩子："你觉得该不该批评？"当然，这只是打个比方。真正教育孩子不能只靠批评说教，同样，绩效辅导也绝不应该只有这些。

接下来谈谈辅导的步骤。这里要介绍的是 GROW 模型，它是辅导的一个常用程序，包含四个环节：明确目标（Goal）、探讨现状（Reality）、寻找解决方案（Options）和制订行动计划（Way Forward）。

第一个环节是明确目标。在进行绩效辅导时，与下属明确最近的工作目标至关重要。这与之前讲的"让下属明白什么是最重要的事"是一脉相承的。你要努力确保目标既清晰又具体。

千万不要觉得这一步是多余的。很多时候，甚至可以说大多数情况下，员工绩效不达标都是因为目标不明确，或者做着做着就偏离了最初设定的目标。同样地，你花在绩效辅导上的大部分时间和努力，也要落在确保目标一致这件事上。

在应用 GROW 模型的过程中，你需要不断地发问，并克制自己直接给出答案的冲动。例如，你可以问："我们月初制定的目标是什么？你对这个目标是怎么理解的？你当时觉得实现这个目标有难度吗？困难在哪里？你是怎么尝试解决这些困难的？"通过发问，你可以更好地引导下属自我反思和发现问题。

他边回答，你要边做好记录，因为这些材料可以用在最后的总结发言中。

目标确定好之后，就可以进入第二个环节：探讨现状。在这一环节，问题要聚焦在事实和数据上，不谈感受，只问事实。但在实际操作中，下属通常会流露出一些抱怨和不满。在这种情况下，你一定要"说软话，办硬事"，即在情绪上表达理解，同时在细节上追问下去。例如，当下属表示："现在的情况很不好，客户非常难搞，我约了几次见面都没有成功，后面的工作没办法展开"，你可以这么回复："我理解你的难处，现在约见客户的确挺难，你跟我说说，你上周尝试约了几个，具体是怎么约的，他们又是怎么拒绝你的？"

情绪和抱怨是解决不了问题的，作为领导，你不要一听到下属抱怨，就冲上去提供解决方案或答案。这样久而久之可能会导致他们产生依赖心理，就等着你提供答案。而如果下属按照你的建议去做了，却没有取得预期的结果，最终的责任还是会落到你身上。

在这一环节，务必谨记：不要直接给答案！不要直接给答案！

在这个过程中，你应继续边记录边整理下属的反馈。下属的表述通常会比较零散，你可能需要不断用目标来引导他回归正题。例如，当你发现他跑题时，可以这样提问："话说回来，是不是只要拿下这个客户，我们这个月的经营目标就能完成？""好的，你说的这个情况我了解了，但这与我们的目标之间有什么直接的关系吗？"

记录和整理还有一个作用，就是在每一个环节结束、下一个环节开始之前，之前记录和整理的信息有助于你做一次总结性的发言。大致的模板可以是："我们刚才讨论得相当充分了，现在我来总结一下目前的情况，主要有三点……接下来，我们就这三个情况，看看能够有什么解决方案吧。"这样，你就可以丝滑地过渡到第三个环节并展开提问。

第三个环节是寻找解决方案。在这个环节中，关键是要克制自己否定下属答案的冲动。下属可能会给出很多一眼看上去就特别不靠谱的答案，但即便如此，你也不要急于否定或给出自己的答案，而是要极其耐心地追问："还有什么其他的方案吗？""你能把这个方案具体展开说说吗？"

这是激发下属充分思考、真正解决问题的关键环节。如果你过早介入或代替下属做决定，下属的成长空间就会受到严重限制。可能会有朋友问："如果下属想了半天，还是没有想出我觉得不错的方案，该怎么办？"首先，你不要因此失去耐心，可以继续引导他思考；其次，如果他实在想不出来，你可以尝试抛出一个可能的解决方案，征求他的意见。你可以说："其实，我们可以尝试这样做……你觉得呢？"好的领导，通常会在指令的末尾加一句"你觉得呢"，这个小尾巴能够巧妙地将你要他做什么，转化为他自己要做什么。没有自主选择，就没有自我成长；没有尝试犯错，就没有主动进步。让下属选，让他扛起应该扛的担子，这对于他的成长至关重要。

在充分探讨各种解决方案之后，作为领导，你应该做一次总结性发言。发言模板可以是："刚才我们探讨了要解决当前的问题，可能采取的三种行动方案，分别是……接下来，我们进入最后一个议题：我们接下来要怎么做呢？"

这就引出了最后一个环节：制订行动计划。行动治内耗啊！想一想全是问题，做一做都是答案。会议精神不过夜，明早就要看改变。我们不需要把目光放得太远，明天就是落脚点。对先前讨论的各个方案逐一分析、拆解，制定出一个切实可行的行动方案，先干起来，这样才有可能获得正向的反馈。

在制订完行动计划后，别着急散会，还有一件重要的事要做——设定绩效目标。既然已经确定了下一步的行动，就必须明确这个行动的目标是什么，如何衡量其是否达标，需要哪些资源支持，以及具体什么时间完成。这实际上设定的是新一轮的绩效目标。

绩效目标设定的核心在于目标管理和资源匹配。责、权、利三位一体，其中，目标是责任的具体体现，资源则代表了权力，而绩效则是利益的象征。这三者必须同步确定，明确记录在案，并由相关人员签字确认。事实上，前面应用 GROW 模型的四个环节都是在为这一步的绩效目标设定做铺垫。谁说辅导只限于指导如何做事呢？怎么做那是下属自己的事情！作为领导，你可以引导下属找到正确的方向，但不要直接告诉他要做什么。因为如果下属做事不是出于自愿，你后续的绩效任务就安排不下去。当目标是由下属自己提出来的，资源是根据下属的需求提供的，他就会担起达成目标的责任！作为领导，你在辅导时可以谆谆教诲、循循善诱，但在制定和执行绩效标准时，一定要坚定，军中无戏言，必须立下军令状。至于会付出多大代价，这是下属要考虑的，你作为领导，只看结果，并且论功行赏！

古语有云："小人革面，君子豹变。"何为革面？就是善于变换面孔，见人说人话，见鬼说鬼话。何为豹变？就是耐心等待，刚柔并济，伺机而动，一击即中。环环相扣的提问是为了辅导，明确绩效目标是为了责任。宽严相济，是为中庸。

物质激励与精神激励

激励无非两种，一种是物质，一种是精神。

物质、精神，两手都要抓，两手都要硬。

作为领导，除了制定目标、进行绩效辅导外，还需具备一项重要的能力——激励团队。激励无非两种，一种是物质，一种是精神。

物质、精神两手都要抓，两手都要硬。接下来谈谈物质激励，这主要指的是金钱激励。

首先，不要混淆金钱观和金钱激励观。金钱观因人而异，有人喜欢钱，有人视金钱如粪土。而金钱激励观关注的是用金钱作为激励手段的有效性。一言以蔽之，你作为领导可以不爱钱，但要认识到别人可能是爱钱的。既然你不爱钱，那就把钱拿出来，论功行赏，让大家多劳多得，相信重赏之下，必有勇夫。

其次，金钱激励足够公平，而且可见。一旦制定好明确、合理的分配机制，很多动力不足的问题，瞬间就迎刃而解。表扬是相对主观的，你表扬张三五句话，表扬李四两句话，难道意味着张三一定比李四干得好，或者张三理应感受到更多领导的关怀？相比之下，金钱激励就显得直接明了。张三的奖金是 3000 元，李四的奖金是

30 000元，谁干得好，谁的报酬更丰厚，一目了然。因此，在进行金钱激励时，必须满足两个重要的条件：一是公平地制定标准，并将其公之于众；二是公开奖励结果，因为暗地里发奖励对其他人几乎起不到激励的效果，甚至还可能引发不必要的猜测和麻烦。

金钱激励的一个弊端在于，次数多了，效果就不明显了。例如，涨工资后，员工或许前三个月会很兴奋，但从第四个月开始就习以为常。因此，为了避免这种情况，奖励应该具有一定的随机性，不要过于固定或可预测。观察一下游戏的设计，你会发现它们通常是以抽奖或活动的形式来提供奖励的，以保持玩家的新鲜感与参与度。同样地，在公司中，可以时不时地发起一些特别任务，根据员工在这些任务中的具体表现，论功行赏。

通常不建议底薪涨幅过大，每年上涨3%~5%即可。但是奖金可以不设限，上不封顶，充分贯彻"多劳多得"的原则。底薪一般采取的是密薪制，是不能公开的，因为即便是同一岗位的员工，由于入职时间和个人情况的差异，底薪也可能不一样。公开底薪往往会引发不必要的麻烦，破坏团队和谐。相反，奖金应该摆到明面上发放，以确保公平，从而产生激励作用。而且，奖金是公司的一种可变成本，奖金制度的基础是员工为公司的利润增长做出了贡献，公司从利润增量中拿出一部分来奖励这些有贡献的员工。如果公司的业绩没有提升，不同于必须支付的底薪，奖金是可以不发的。

过分强调金钱激励还可能会引发另一个问题，即员工的工作动机会被扭曲。员工初入公司时，往往抱着提升自我的心态，认为只要能力到位，钱是不会少拿的。但如果公司仅仅以金钱作为激励手段，员工可能就会变得短视和急功近利。很多默默努力的"老黄牛"，对公司整体业绩的推动作用可能不那么直观，在这种情况下，他们就会觉得不公平，甚至在日常工作中越来越注重短期利益，最终导致公司文化的急功近利。这样下去，一旦哪天公司无法继续提供高额的金钱激励，员工就可能离心离德。

因此，金钱激励固然重要，但必须与其他激励手段相结合。简言之，精神激励应针对个人喜好，为员工带来强烈的成就感。

举例来说，完成具有挑战性的目标，本身就是一种强大的激励。但很多领导在设定目标时没有意识到这一点，定的目标要么太低，要么太高，不愿花时间去考量怎么才能把目标设置得让员工"跳一跳就能够着"。同时，他们也没有和员工一起坐下来，研究和拆解实现目标所需的具体步骤，更没有提供相应的资源、给予充分的授权。要知道，授权本身也是一种极为有效的激励方式，它传达出一种强烈的信任："我甚至比你自己都相信你能干好，放手去做吧，有了成绩是你的，出了问题是我的。"有这样的领导，哪个下属不愿意冲锋陷阵呢？

同样重要的是，要给下属提供足够的露脸机会，让他们能够去扩大自己的影响力，而不是永远做你的小跟班。逢大小会议，不妨私下里帮他们修改一下 PPT，然后将台上发言的机会交给他们。

除此之外，还要注意为下属提供更多见世面和接受培训的机会。参加行业大佬的饭局时，不妨带上团队的小伙伴；出席各种行业峰会，也让他们一同前往；有深造培训的名额，优先考虑团队成员。

春节前后，可以多放三天假，让大家返乡买票更容易一些；同时，为员工的父母准备一些礼品，给他们的子女安排一些福利。这些都是亲情牌，可以打起来，受益的是双方。

员工出差时，可以适度提高住宿标准；酒店不一定要多贵，但至少要做到一人一间。

员工生了病，不用非得先开医院证明，才能在家休养；员工加了班，允许安排调休，并及时报销他们晚归的车费。

对于要接送孩子的宝妈员工，允许她们弹性工作，以便她们更好地照顾家庭。

总之，对人的尊重，这种发自心底的尊重，本身就是一种激励。

领导者的必修课：开人

开人是所有领导者的必修课。关于开人，要做到以下几点：

首先，要对开人有清晰的认知，这样后续的动作才不会变形；

其次，开人要基于绩效表现；

再次，开人之前要有预告，不要突然行动；

最后，对于离职员工所提的条件，按照法律规定，一定要无条件满足。

最后一篇，写开人！刺不刺激？有位企业家曾说过这样一个观点：没开过人的领导，还是个菜鸟。甚至早年行业有个笑谈：如果你没有开过人，你就没有招人的权利。为什么要这么残酷？

职场本身就是残酷的。开人之所以是所有领导者的必修课，原因有点类似于你考驾照的时候让你看警示宣传片，你没看过血的教训，你以为你开的是碰碰车。你开过人，知道员工背后的痛苦，你才能在招聘的时候认真考察候选人适不适合这个岗位，因为你的招聘行为会拨动别人命运的齿轮。

开人是极其残酷的事情，我们要竭尽所能避免这样的事情发生。

因此，在日常工作中，我们必须严谨、细致地管理员工，时常激励他们并提供必要的绩效辅导，同时也要求员工以同样的态度配合我们的工作。毕竟这是在上班，不是在上幼儿园。正如我在新东方的一位老领导所说："管人要严，用人要狠，对人要好，换人要快。"

首先，要对开人有清晰的认知，这样后续的动作才不会变形。一个人被调离原有的工作岗位或者被开除，通常是因为他的优势与当前岗位的要求不相匹配。请注意，我这里强调的是"优势"而不是"能力"，因为一个人可能拥有出色的能力，但如果这些能力不是岗位所需的，那他就无法发挥出自己的优势。这句话的潜台词是，你可能发现了他在其他方面的优势，但由于种种原因，这些优势没有办法为你所用。因此，为了让他有机会找到更好发挥优势的平台，你只能让他重新进入公开市场，去进行二次匹配。

这与之前讲的"知人善任"是一脉相承的。换言之，如果我们平常不去认真观察员工到底有什么优势，并在我们能力范围内为他找到与优势相匹配的岗位，那他的工作体验和工作成果肯定会受到影响。相反，如果我们经常做这样的匹配，即使最终的工作成果不理想，大家也能平静接受。

其次，开人要基于绩效表现。不能因为个人好恶或是对员工工作态度的主观判断就轻易开除员工，否则可能会引发很多法律纠纷。绩效标准的制定一定要客观，不能见人下菜碟。对于工作态度不好的员工，我们要通过恳谈去弄清楚他到底为什么会这样，而不是直接一棍子打死。但如果不管怎么沟通，员工的工作态度都不改变，或者绩效持续不达标，那我们必须果断将其请离团队。否则，整个团队可能就会陷入领导不作为、优秀员工流失的逆淘汰循环。

再次，开人之前要有预告，不要突然行动。如果员工的绩效多次没达标，我们要明确告知其后续的培训和调整计划，并警告若还是达不了标，就只能离开。在沟通过程中，我们要始终从员工的优势与岗位不匹配的角度来表达，并在面谈结束后安排双方签署书面确认文件。如果对方对我们的意图产生误解，一定要耐心解释，反复沟通，直至达成一致意见。这一来体现了我们真诚为员工考虑的态度，二来也符合法律的要求。在整个过程中，我们一定要保持冷静，虽然大多数员工都是好人，但也要防范少数员工可能因冲动而带来麻烦。

最后，对于离职员工所提的条件，按照法律规定，一定要无条件满足。千万不要为了省一点钱，最后引发仲裁纠纷。对于法律规定以外的条件，如果条件允许，也应尽量满足。我们的目的是远接高送，而非争论对错。尽可能快地走完离职流程，尽可能少地消耗精力，大家和和气气地结束这段工作关系，迅速开启人生新篇章，岂不美哉！

总之，职场人来人往，我们要学会一期一会，专注于当下要做的每一件事，珍惜每一个一起做事的伙伴。写到这里，这本书就即将收尾了。我一直觉得人生宝贵，我一分钟都不想在职场浪费。能赶紧干完的活，我一定会赶紧干完，然后下班享受生活。面对各种糟心的事情，我训练自己做到不走心，不被情绪左右。但我并非鼓励大家在工作中偷奸耍滑，而是想告诉大家，别焦虑，别内耗，少走心，迅速干，然后下班，享受属于自己的时光。俗话说"治大国若烹小鲜"，玩转职场同样需要细致入微的把握和调控。

👣 职场真相

一线员工为什么很难被提拔？

一、常常缺乏信赖
优秀员工虽独立，但难以做到相互依存。他们可以管理自己，但在与他人沟通时，总觉得无法获得信任。

二、难以高效共创
这是追求最大效能的高效之路。每个人做自己擅长的事，拼在一起形成整体的高效能。吃火锅是共创模式的典型例子，大家各自带食材和工具，聚在一起共享。独立虽有效能，但共创模式能追求更大的效能。

三、无法相互依存
传统火车依赖火车头拉动，而高铁每节车厢都有动力，形成共创、相互依存的高效模式。这告诉我们，不独立是负担，但过于独立也不足以达到高效能。真正的高效需要相互依存。

最该学习的职场习惯有哪些？

一、不带情绪，直面问题

职场中应避免带着情绪工作，因为无论是显露的还是隐藏的情绪都会造成内耗。重要的是直面真实问题，掌握并运用有效的方法解决职场中的各种问题，无论是内部还是外部的。

二、多接触客户，了解真实需求

客户才是真正的"老板"，而老板只是资源的提供方。多与客户接触，以深入了解他们的真实需求。

三、积极主动，并坚持积极主义

不仅要主动寻求信息、寻求改变，还要做创作者而非跟随者。积极主动并不容易，且需要坚持，即使一次积极主动没有产生好的结果，也要持续努力。

用力者劳，用智者逸，
职场如棋，落子无形。

奔跑者众，思考者寡，

胜出者往往是那些在喧嚣中
听见自己脚步声的人。

看似前进，实则在退；

看似停滞，实则在进，

本质才是方向。